ほろ酔い「シネマ・カクテル」

～銀幕を彩るグラスの美酒たち～

武部好伸
Yoshinobu Takebe

監修　荒川　英二
（カクテル説明文）
装画　宮野　耕治

オープニング

ピンク、ブルー、グリーン、イエロー、パープル、ゴールド……。多彩な色で目を楽しませてくれるカクテル。味も口当たりも千変万化とあって、飲み手の心を絶妙にくすぐります。琥珀色のウイスキーはシブさで押してくるのに対し、カクテルは華麗さと優美さをきわ立たせるのがお家芸です。そこに魅了される人がごまんといます。

お酒とお酒、あるいはお酒とジュース、ソーダ、甘味などを混ぜ合わせたミックス・ドリンク、それがカクテルです。

この魅惑的な飲み物が世に現れたのが、古代のエジプト、ギリシア、ローマの時代と言われていますが、19世紀末から20世紀はじめにかけて製氷技術が普及したことで容易に氷を使えるようになり、今日のカクテルが誕生しました。アイス、あるいは冷凍技術なくしてカクテルはあり得ない。そう言っても過言ではないでしょう。

組み合わせとお酒やジュースなどの比率を変えれば、無限大にレシピが考えられ、カクテルの種類はそれこそ星の数ほどあります。現在、巷間で味わえるカクテルの80パーセントほどが連綿と伝わるスタンダード・カクテル、いわゆるクラシック・カクテルと言われています。マティーニ、マンハッタン、ギムレットなどがそうです。

これらのスタンダード・カクテルですら、作り手によって味が変わるのだからおもしろい。それこそオリジナル・カクテルに至っては、日々、新しいレシピが考案され、世界中のありとあらゆるバーで提供されています。

もちろん、自宅でマイ・カクテルを作ることもできます。しかし、やはりプロのバーテンダーの職人業《わざ》によって出されるカクテルに勝るものはなし！　ぼくはそう思っています。

そのカクテルが開花した時期が、いみじくも映画が「動く写真」として発明され、普及した時期と見事に符合しているのです。当然のごとく、カクテルが小道具として映画の中で使われるようになり、独特な彩りを添えるようになりました。実際、カクテルが銀幕に登場すると、思いのほか場面が華やぎます。

カクテルと映画は結ばれるべくして結ばれたのです。

ウォッカ・マティーニを男っぽくノドに流すダンディーなスパイ、ダイキリを艶っぽく口にする美女、軽快なジャズの調べに合わせてハイボールのグラスを傾ける青年実業家、甘美なアレキサンダーを愛おしく味わう可憐な娘、ジン・トニックをちびちびすする中年の刑事……。どれも見とれてしまうシーンばかり。まさにカクテルは、華のあるアクチュール（俳優）と言えます。

では、具体的にどんな演技を披露しているのでしょうか。そこのところに焦点を絞ったのが本書です。その意味では、拙著『ウイスキー アンド シネマ 琥珀色の名脇役たち』（淡交社、2014年）と『ウイスキー アンド シネマ2 心も酔わせる名優たち』（同、2017年）のカクテル版と言えるでしょう。

カクテルの〈名演技〉を大所高所から、ときにはマニアックな視点で垣間見ようと思います。いかにヒーローやヒロインをきわ立たせ、場を盛り上げているか、その辺りをじっくり探ってみましょう。

カクテルを説明する場合、カクテル・ブックのようにウイスキー、ブランデー、ジン、ウォッカなどお酒（主に蒸溜酒）のベースごとに分けるとわかりやすいです。本書もそれに準拠することにします。ただし、「カクテルの王様」と言われるマティーニは別格として扱いました。

映画とカクテル――。
これほど相性の良いマッチングはないと思います。その華麗なる共演シーンをとくとご覧あれ。

【目次】

ウイスキー・ベース

ブランデー・ベース

リキュール・ベース

ワイン・ベース

シャンパーニュ・ベース

マティーニ

MARTINI

映画作品リスト

『シンプル・フェイバー』
2018年／アメリカ・カナダ／監督：ポール・フェイグ
出演：アナ・ケンドリック、ブレイク・ライブリー、ヘンリー・ゴールディング、
リンダ・カーデリニー

『ブルジョアジーの秘かな愉しみ』
1972年／フランス／監督：ルイス・ブニュエル
出演：フェルナンド・レイ、デルフィーヌ・セイリグ、ポール・フランクール、
ジャン＝ピエール・カッセル

『麗しのサブリナ』
1954年／アメリカ／監督：ビリー・ワイルダー
出演：オードリー・ヘップバーン、ハンフリー・ボガート、ウィリアム・ホールデン、
ウォルター・ハムデン

『アパートの鍵貸します』
1960年／アメリカ／監督：ビリー・ワイルダー
出演：ジャック・レモン、シャーリー・マクレーン、フレッド・マクマレー、
レイ・ウォルストン

『ミルドレッド』
1996年／アメリカ／監督：ニック・カサヴェテス
出演：ジーナ・ローランズ、マリサ・トメイ、ジェラール・ド・パルデュー、
ジェイク・ロイド

『七年目の浮気』
1955年／アメリカ／監督：ビリー・ワイルダー
出演：マリリン・モンロー、トム・イーウェル、イヴリン・キース、
オスカー・ホモルカ

『グッドライアー 偽りのゲーム』
2019年／アメリカ／監督：ビル・コンドン
出演：ヘレン・ミレン、イアン・マッケラン、ラッセル・トベイ、ジム・カーター

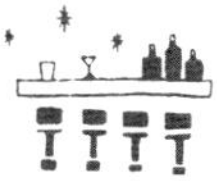

マティーニ

MARTINI

「カクテルの王様」――。あまたあるカクテルの中でこんなふうに呼ばれるのはマティーニを置いてほかにはない。なのに、いつ、どこで、だれが考案したのかがはっきりわかっていない。定説としては、1860年代のはじめ、サンフランシスコにあったオクシデンタル・ホテルのバーテンダー、ジェリー・トーマスが作った「マルチネス・カクテル」が原型と言われているのだが……。「バーテンダーが100人いれば、100通りのレシピがある」。この言葉通り、マティーニには決め手となるレシピもない。

標準的なレシピ

ドライ・マティーニ――。
ドライ・ジン…3/4　ドライ・ベルモット…1/4
アンゴスチュラ・ビターズまたはオレンジ・ビターズ(1～2ダッシュ、＊1ダッシュは約1㎖)をミキシング・グラスでステアし、カクテル・グラスに注ぐ。そしてオリーヴの実を飾り、レモン・ピール(果皮)を絞りかける。
1990年代以降、ドライ化が進んできている。

『シンプル・フェイバー』

本物のマティーニとは!?

マティーニが登場する映画はそれこそ枚挙にいとまがない。とりわけアメリカ映画では、バーの場面はもちろんのこと、パーティーのシーンでもマティーニのグラスを手にする人物がよく映っている。

しかしママさんが昼下がりに家庭でこのカクテルを嗜んでいる場面となると、スリル＆ミステリー映画『シンプル・フェイバー』（2018年）くらいしか思い付かない。昨今、これほどマティーニを特化させた作品は珍しい。

ニューヨーク郊外の住宅街。育児と料理のブログを運営しているシングル・マザーのステファニー（アナ・ケンドリック）が、息子をおなじ小学校に通わせているキャリア・ウーマンのエミリー（ブレイク・ライブリー）とママ友になる。

気立てがよく、面倒見もいいステファニーとファッション系企業の広報部長を務め、クールでミステリアスな空気を放つエミリー。まったく対照的なキャラクターだが、ふたりは妙にウマが合う。ある日、エミリーが「マイアミへ出張に行く。数日で戻るわ」とわが子をステファニーに預け、その後、音信が途絶える。

行方不明――? なにか事件に巻き込まれたのか――?

警察の緩慢な動きに業を煮やしたステファニーが単身で探偵ばりに調べていくうちに、エミリーのあっと驚く素顔が浮かび上がり、想定外の事態が生じてくる……。

マティーニは映画の前段から登場する。それがスタンダードなものではなかった。

ふたりがはじめて会い、昼下がりにステファニーがエミリーの瀟洒な豪邸に招かれたとき、「1杯やろ、マティーニはどう」といきなり勧められる。軽快なフレンチ・ポップスが流れる中、エミリーがシェイカーを使ってマティーニを出すが、どうも気に入らない様子。

「やっぱり本物のマティーニがいいわ」

「これは違うの?」

「ええ。ロンドンのデューク・ホテルで本物を見たの」

そう言ってエミリーが解説しながら、そのマティーニを作っていく。文章で記すと、こうなる――。

冷凍庫からキンキンに冷やされたジンとグラスを取り出す。まずはグラスにベルモットを少し垂らし、ゆっくりまわしてベルモットを捨てる。これをリンス（香りのコーティング）と言う。次にジンをボトルから直接、グラスになみなみと注ぐ。最後の仕上げにレモン・ピールを指先でひねり、飛沫で香り付け。

さらにその果皮でグラスの縁をなで、そのまま液体のなかに浸す。マティーニに付き物のオリーヴの実は使わない。シェイカーもミキシング・グラスも用なしだ。

「なぜ氷はダメなの？」

ステファニーが疑問に思うのは当然だ。マティーニにはステアするにせよ、シェイクするにせよ、氷が不可欠だから。せめてグラスの中に氷を入れてロックにすると彼女は思ったのだろう。このレシピではしかし、そうした器具を使わないので氷はいらない。

そこでエミリーがしたり顔でこう言う。

「(氷を使うと)台なしになるわ」

さらに言葉を紡いだ。

「(人生を)リセットできるのよ」

そしてふたりは乾杯し、一気に飲み干した。

そのうち酔いがまわり、優等生のステファニーが封印していた自分の過去の秘密を吐露する。

「マティーニで口が滑ったわ」

このカクテルが本物のマティーニかどうかはコメントできないけれど、一連のシーンは洋酒党なら目がクギ付けになるだろう。

これぞ老舗デューク・ホテルのバーでヘッド・バーテンダーを務めるアレッサンドロ・パラッツィが考案した「デュークス・クラシック・ドライ・マティーニ」。

このホテルのバーは、007シリーズの生みの親、スコットランド人作家イアン・フレミング(1908~64年)のお気に入りだった。

そのレシピによると、ジンはプレミアムの「ロンドン・ドライジン、No.3」になっているのだが、映画ではアメリカ・オレゴン州ポートランド産のアヴィテイションを使っていた。エミリーはそこまでこだわりがなかったのだろう。

ラスト近く、緑の芝地が広がる墓地の墓石の上にマティーニのグラスを置いて飲むシーンがある。そのときシェイカーが振られてグラスに注がれていた。事前に家で冷えたマティーニをシェイカーの中に入れておいたのだろうか。でも、それだと温くなっているはず。

ともあれ、マティーニを介してステファニーとエミリーの絆が強く結ばれ、ドラマが波状的に動き出していく。

こういうお酒の使い方、なかなかオシャレだと思う。それもひと味違ったマティーニというのがなんとも心をくすぐられるのである。

『ブルジョアジーの秘かな愉しみ』

マティーニのうんちく

『シンプル・フェイバー』のエミリーは、マティーニには「氷は不要」と明言していたけれど、「いやいや、一番大事なのは氷だ」と主張する御仁がいる。

その人物とは、超現実的な世界を描くシュルレアリストとして知られたスペイン人の巨匠ルイス・ブニュエル監督（１９００〜83年）。カトリーヌ・ドヌーヴが、昼は娼婦、夜は貞淑な主婦の顔を持つ女性を演じた『昼顔』（１９６７年）の監督として有名だ。

愛飲家のアメリカ人作家バーナビー・コンラッド3世が著した洋書『The Martini』（95年、Chronicle Books）にブニュエル監督の寄稿文を載せている。この監督、よほどマティーニに目がないのがよくわかる。

「氷は冷たくて硬くなければならない。溶けていてはダメ。水っぽいマティーニほど最悪なものはないから」

こんなふうに前置きし、とっておきのレシピを伝授する。

「グラス、ジン、シェイカーを冷蔵庫（冷凍庫？）に入れておく。氷の温度がマイナス20度になっているかを温度計で確かめる。味わう直前まで、これらを冷蔵庫から出さない。ノイリー・プラット（フランス産ドライ・ベルモット）を数滴とアンゴスチュラ・ビターズを小振りのデミタス・スプーンで半分、シェイカーの氷の上に垂らす。それをシェイクし、液体分を取り出す。そしてドライ・ジンをシェイカーに入れ、ふたたびシェイク。それをグラスに注げば、でき上がり」

ホーッ、温度計がいるとは恐れ入った。なんとストイックなこと。ここでもオリーヴの実は使われていない。寄稿文の最後にこんな追記が添えられている。

「1940年代、ニューヨーク近代美術館の館長がおもしろいバリエーションを教えてくれた。それはアンゴスチュラ・ビターズの代わりにペルノを1滴垂らすというもの。まぁ、一時的な流行で、正直、わたしは遠慮したが……」

ペルノは、フランスのペルノ・リカール社が製造する、アニス、コリアンダー、オレガノなど15種類の香草を使ったリキュールだ。

このこだわりのマティーニが、ブニュエル監督が晩年に撮ったシニカル・コメディー映画『ブルジョアジーの秘かな愉しみ』（72年）の中で使われている。

本作は、南アメリカのミランダ共和国（架空の国）の駐フランス大使ラファエル（フェルナンド・レイ）、彼の友人のテブノ（ポール・フランクール）とアンリ（ジャン＝ピエール・カッセル）の夫婦ら6人の紳士淑女が、何度も会食の機会があるのに、いっこうに料理にあり付けないというまことに奇妙な作品だった。

予期せぬ人物がいきなり登場したり、夢のシーンが幾度も出てきたりして、いかにもブニュエル監督らしく、かなり（やはり！）シュールな内容になっている。アメリカ人にはまず理解できないと思われる映画なのに、なんとアカデミー賞外国語映画賞を受賞している。

くだんのシーンは――。

緑麗しい郊外にあるアンリの家で、カクテルに一家言持つテブノが食前酒にマティーニを振る舞うところ。

「ドライ・マティーニほど効果的な安定剤はない。女性雑誌にそう書いてあった。作って差し上げよう」

口上を垂れてから、やれ、円錐形のグラスがいいだの、やれ、ジンを入れて少し振って冷やしてから出すだのと、あれこれうんちくを披露しながらマティーニを作っていく。

ジンはイギリス産のゴードン・ドライジンだったが、肝心のベルモットが映っていなかった。不思議に思ったのが、監督が口うるさく言っていたレシピと異なっていたこと。シェイカーではなく、ミキシング・グラスでステアしていたし、氷はマイナス15～16度が最適と言っていたし……。ブレている！　でも、まぁ、いいか（笑）。

テブノがラファエルらにグラスを渡し、こんなアドバイスをする。

「シャンパンのように少し噛むようにして飲むんだ」

このあと運転手を呼んできてマティーニを飲ませる。一気にグラスを飲み干したその運転手を下がらせてから、テブノがこうのたまう。

「見たかね。ああいう飲み方をしてはいけない」

彼の妻シモーヌ（デルフィーヌ・セイリグ）も毒気の含んだ言葉を吐く。

「許してあげなさい。彼は教養のない庶民よ」

ラファエルも続く。

「洗練された者は、庶民には理解できないんだ」

完全に上目線で、人を小バカにする傲慢な人種だ。運転手とおなじように一気に飲み干した『シンプル・フェイバー』のエミリーもきっと標的にされるだろう。

ブニュエル監督が描きたかったのはそこだった。ブルジョア階級の欺瞞性を揶揄し、食欲、性欲、金欲に目がくらむ彼らの虚飾をはがしていくのだ。

一番、訴えたかった大事な場面でマティーニを出したところはさすがだった。

『麗しのサブリナ』

オリーヴのないマティーニなんて……

奇しくも最初に取り上げたふたつの作品は、オリーヴなしのマティーニだったが、やはりマティーニにはオリーヴの実があってしかるべし。はて、両者の取り合わせはいつから登場したのだろうか。

カクテル文化に詳しい大阪・北新地にあるバーUKのオーナー・バーテンダー、荒川英二氏（本書のカクテル説明文の監修者）によると、1906年に出版されたルイス・マッケストゥラムによるカクテル・ブックにマティーニの名がはじめて登場したそうだ。しかし、オリーヴが一般的になるのはアメリカの禁酒法（1920～33年）が解禁されてかららしい。

そのオリーヴをギャグに使ったのが名匠ビリー・ワイルダー監督（1906～2002年）。

上質な艶笑コメディーを撮らせたら、この人の右に出る者はいないと言われる往年の名監督だ。『お熱いのがお好き』（59年）、『あなただけ今晩は』（63年）、『ねぇ！ キスしてよ』（64年）……など忘れがたい映画が多く、ほとんどの作品にお酒が絡んでいる。

『ローマの休日』（53年）でアカデミー賞主演女優賞を手にし、華々しくハリウッド・デビューを飾ったオードリー・ヘップバーン（1929〜93年）が、次に主演した『麗しのサブリナ』（54年）もそうだった。この映画はシャンパーニュ尽くしだが、その中でマティーニのオリーヴで笑わせる有名なシーンがある。

ニューヨークのロングアイランドに豪邸を構える大富豪のララビー家。オードリー扮するお抱え運転手の娘サブリナがプレーボーイの次男デヴィッド（ウィリアム・ホールデン）に恋い焦がれるも、やがて実直な兄ライナス（ハンフリー・ボガート）に心を許すというロマンティック・コメディーだ。

会社の社長室で、社長のライナスが弟デヴィッドの婚約者と彼女の父親を交え、結婚式の日取りについて相談していると、奥のバー・カウンターからガシャガシャと雑音が聞こえてくる。なかば引退している兄弟の父親オリヴァー（ウォルター・ハムデン）が特大のミキシング・グラスでマティーニを作っていたのだ。

とにかくアメリカ人はマティーニが大好き。第2次世界大戦中に「マティーニ・ブーム」がはじまり、戦後の50年代～60年代にピークを迎えた。この映画の公開時がまさにそうだった。とりわけ中流・上流階級のセレブ層が好んでこのカクテルを口にし、言わばステイタス・シンボルのひとつになっていた。

アメリカ大統領もお気に入りだ。

フランクリン・ルーズベルト（1882～1945年）はテヘラン会談（1943年）でソ連の最高指導者ヨシフ・スターリン（1878～1953年）に自分で作ったマティーニを振る舞ったものの、「おいしいけれど、舌には冷たい」と言われたとか。

ハリー・トルーマン（1884～1972年）はポツダム会談（45年）のパーティーで、スターリンのウォッカに対抗し、ずっとマティーニで通したそうな。ロナルド・レーガン（1911～2004年）もジョージ・ブッシュもバラク・オバマもマティーニに目がなかった。

ドナルド・トランプはいかにもマティーニ好きに見えるが、意外や意外、禁酒主義者というからびっくり！

閑話休題――。

父親のオリヴァーがグラスにマティーニを注ぎ、あとはオリーヴの実を添えるだけ。ところがビンの底にくっついた1粒がなかなか取れない。バー・スプーンを入れようにも大きすぎて無理。そのうちイライラ度が高まり、ビンを机でガンガン叩きつける始末。

それでも取れない。もう諦めればいいものを、今度はゼムピンを伸ばして実を突き刺そうとする。しかし届かない。

とうとうたまりかねて超裏技を使った。なんとそのオリーヴのビンにマティーニを注いだのである。この逆の発想がすごい！

一気に飲み干すも、しかしまだビンの底に実がくっついている。いったいどんなオリーヴなのだ⁉ よほど粘着性があるとみえる。

こうなれば、是が非でも取りたくなるのが人間の性《さが》。指を突っ込もうとするが、いっこうに埒が明かない。

その様子を見ていた息子のライナスが声を荒げた。

「あなたはオリーヴも出せない」

そう言ってビンを取り上げ、いきなり机に強く叩き付け、木っ端みじんにした。そして壊れたガラスの破片からオリーヴの実を取り、呆然とする父親の口に放り込んだ。

ややくどい演出とはいえ、オリーヴの実だけでこれほど笑わせるとは、さすがビリー・ワイルダー！ しかもこれだけで終わらせない。ラストでちゃんとオチまで付けてある。

後日、新会社設立のための重役会議が開かれる社長室で、またも父親がマティーニを作っている。今度は新品のオリーヴのビン。造作なく実をひとつグラスに入れ、おいしそうに味わった。さらにもう1杯マティーニを作った。そのときズボンの後ろポケットにビンを入れていたのを忘れ、勢いよく上座に腰を下ろした拍子にガチャン！

「あっ、オリーヴのビンが……」

このギャグは映画の冒頭、次男のデヴィッドがシャンパーニュ・グラスで披露済み。揃いも揃って、オヤジさんもおなじ過ちをしでかした。

まさにお酒で笑いを誘う最高のエンディングだった。

『アパートの鍵貸します』

あゝ、切ないオリーヴのピン

もうひとつ、ビリー・ワイルダー作品で忘れられないマティーニのシーンがある。サラリーマンの悲哀を描いた『アパートの鍵貸します』（1960年）に出てくる超有名な場面――。

名優ジャック・レモン（1925〜2001年）扮する大手保険会社の独身社員バクスターは、上司連中の逢引きの場にアパートの自室を提供し、ちゃっかり小遣いをせしめている。当然、彼らの目にかない、出世コースに乗っている。

そのバクスターがエレベーター・ガールのフラン（シャーリー・マクレーン）に恋情を抱いているのだが、あろうことか彼女が自分の直属の上司（フレッド・マクマレー）の愛人とわかり、失意のどん底に……。

よくありがちな不倫ドラマとはいえ、そこはワ

イルダー監督、ひと筋縄ではいかない展開を見せてくれる。
クリスマス・イヴの夜。バクスターが混み合うバーのカウンターで、帽子を被ったままひとりでマティーニを飲んでいる。いまごろフランと上司が自分の部屋で密会しているはずだ。その光景を想像すると、猛烈に切なくなってくる。悄然とした顔付きから、心がズタズタなのがよくわかる。
タバコをプカプカふかすバクスターの前には、オリーヴの実の付いた大きなカクテル・ピンが6本、同心円状に丸く並べられている。この男、オリーヴ嫌いなのか。いや、落ち込んでいるときには塩気の効いたオリーヴの実は少し刺激が強すぎるのかもしれない。

7杯目をお代わりすると、反射的に、それも無造作にオリーヴをグラスから取り出し、テーブルに添えた。7本のカクテル・ピンがきちんと円形に配置されている。なんだか時計の針のようにも見える。

そうなのだ！ カクテル・ピンで時間の経過を表現していたのだ。

1杯当たり、10分くらい要すると考えると、すでに1時間ほどこの店にいることになる。この男にとっては計り知れないほど長くて苦しい時間に感じられていたに違いない。時計をもろに映すよりも、切なさに打ちのめされた男の〈体内時計〉を推し量るには、このほうがよほど説得力がある。

このあとバクスターが孤独な中年女性に声をかけられ、一緒に踊る。結局、カウンターの上に12本のカクテル・ピンがぴったり円形に収まっていた。つまりマティーニを12杯も空けたことになる。よほど酒に強いのだ。ヤケ酒とはいえ、それでも飲みすぎ！ 飽きもせずにマティーニばかりとはすごい。メリハリを付けるためにウイスキーとかジンとか、ほかのお酒を飲めばいいと思うのだが、根っからのマティーニ大好き人間なのかもしれない。

もちろんへベレケ状態になっている。アメリカのグラスは大振りなので、酒豪でも足にくる量だ。酔った勢いと言おうか、その場の流れと言おうか、バクスターがその女性を自分のアパートに連れ込むと、なんと愛すべきフランが睡眠薬で服毒自殺を図り、昏睡しているではないか。

ここからふたりのドラマがはじまる。実に見事な「酔い」伏線だった。

それにしても、オリーヴは添え物なのか？　いやいや、そんなことはないだろう。では、どの段階で口にすればいいのか。これも永遠のテーマかもしれない。そこで知り合いのバーテンダーや愛飲家にアンケートすると、バラエティーに富んだ回答が寄せられた。

「ふた口飲んだあとに」、「半分ほどで」、「すぐにオリーヴを取り出し、3口目で口に入れる」、「飲む前にしっかり食べて咀嚼してから味わう」……。

総じて早い段階でオリーヴを口にするケースが多いようだ。

ぼくは3分の1ほど空けたときかな。もっとも、オリーヴをグラスに入れず、横に添えているバーも少なくないけれど。

バクスターのようにオリーヴを取り出さないにせよ、最後まで口にしない人もいた。バーでたまにそういう人を見かける。

「油っぽくなるから」というのが大きな理由だが、非常に興味深いことに、なぜかウイスキー党の人にその傾向が強かった。

ひょっとしたら、バクスターはウイスキー愛飲家だったのではないか。このときは時間を計るために、あえてマティーニで通していた……。ちょっと勘繰りすぎかな。

『ミルドレッド』

ウォッカ・マティーニで人生の転換を

映画の中でマティーニのオリーヴを口にしなかった忘れがたい人物がいる。

ブロードウェイの内幕をあぶり出したジョセフ・L・マンキウィッツ監督（1909～93年）の代表作『イブの総て』（1950年）のマティーニ好きの大女優マーゴ（ベティ・デイヴィス）。彼女はかならず早めにオリーヴを取り出して飲んでいたが、ここではもうひとり別の女性を深掘りしたい。

家族ドラマの秀作『ミルドレッド』（96年）で、名女優ジーナ・ローランズ扮する主人公である。

彼女は、野心的な映画作りを貫いたニューヨーク派の先駆者、亡きニック・カサヴェテス監督（1929～89年）の妻で、この監督の代表作『こわれゆく女』（74年）や『グロリア』（80年）で印象深い役どころを演じ、一躍、注目された。『ミルドレッド』は息子ニック・カサヴェテスの初監督作品。

ローランズ扮するミルドレッドは夫と死に別れた中年女性だが、一緒に暮らしている23歳の反抗的な娘に家を出て行かれ、突然、ひとり暮らしを強いられる。

生活環境が変わった彼女が、向かいの家の住人で、DV夫に苦しむ若いママ、モニカ（マリサ・トメイ）とひょんなことから仲良くなり、JJという6歳のひとり息子を預かることになった。チーズ工場に勤めるモニカは色気ムンムンの〝トンだ〟女性だが、ふたりのあいだに友情が芽生えはじめ、すっかりなついたJJがミルドレッドには孫のように思えてきた。

ある夜、モニカが憂さ晴らしにとミルドレッドを誘って酒場へ繰り出す。

モニカは軽めのカクテル、セブン&セブンをオーダー。これはアメリカン・ブレンデッド・ウイスキーのシーグラム・セブン・クラウンを炭酸飲料のセブンアップで割ったもの。「セブン」がふたつあるので、そう名付けられた。このカクテルについては、拙著『ウイスキー アンド シネマ琥珀色の名脇役たち』の「サタデー・ナイト・フィーバー」の項で詳しく記しているので、参照していただきたい。

ミルドレッドのほうは、「昔は夫よりも強かったのよ」とウォッカ・マティーニをロックで注文した。それを4、5杯飲んでもケロッとしている。なるほど、言葉通りかなりの酒豪だ。グラスを持つ仕草がなんともしなやか。かつてよほど飲みなれていたのがうかがえる。

よくよく見ると、オリーヴの実にはいっさい口を付けていなかった。

その後、モニカが暴力夫とヨリを戻したことで、JJもミルドレッドの元を離れていく。いまや深い情が湧き、生きがいになっていた男の子との別れ……。心の拠りどころを失った彼女が夜半、ひとりでバーへ向かう。

「ウォッカ・マティーニ、ダブルで」

カウンターに坐り、気だるそうにオーダーする。今度もてっきりロックと思いきや、カクテル・グラスで出てきた。彼女はすばやくオリーヴの実を取り出し、一気に飲み干した。惚れ惚れするような飲みっぷりだった。

そして翌日もおなじ酒場へ足を運び、テーブル席でウォッカ・マティーニを2杯あおった。このときもオリーヴを取り出していた。その2杯目をノドに流し込み、勘定する段になって、おツマミのナッツを口に放り込んだ。

なんとも粗い飲み方。おそらくカクテルを味わう気なんぞないのだろう。寂寥感と虚しさを癒やすためだけのウォッカ・マティーニだったのか……。オリーヴを食べなかったのは、単に好みではないからだと思いたい。

ミルドレッドは理性で自分をコントロールできる賢い女性だ。このあと帰宅すると、一大決心し、ある行動に出る。新しい人生への転換と精神の自立。この映画は、ひとりの中年女性の生き方を通して生きる意味を問いかけていた。それも深く美しく描いて……。

ひょっとすると、あのときマティーニを飲みながら、彼女はこれからの身の振り方を考えていたのかもしれない。深読みすれば、マティーニが彼女の背中を押したような気もする。

そんなふうにこじつけて解釈したくなるシーンだった。

『七年目の浮気』

マティーニに砂糖！？

お酒は嗜好品なので、自分の好きなスタイルで味わえばいいのだが、ことマティーニでこんな無茶な飲み方を要求されたら、作り手はきっと目が点になってしまうだろう。

その張本人が艶笑喜劇の名作『七年目の浮気』（1955年）で、マリリン・モンロー（1926〜62年）が扮したブロンド美人である。

マティーニに言及すると、かならず出てくる超有名なシーン。これまではしかし、間違って伝えられているケースが多いので、ここで忠実に再現しよう。三度《みたび》、ビリー・ワイルダー監督の映画になるが、ご了承あれ。

灼熱地獄のニューヨークの夏。出版社に勤務する38歳のリチャード（トム・イーウェル）は、妻と息子が長期バカンスに出かけ、しばし独身貴族を謳歌する。

羽を伸ばせるとルンルン気分になっていると、夏のあいだ留守になっている2階の部屋にグラマラスな美女が間借りしに来た。テレビCMにも出演しているというモデル俳優。名は明かされない。それがマリリン扮するヒロインだ。役柄では22歳になっているが、当時、彼女の実年齢は29歳。ずいぶん若く見える。

それにお色気ムンムン。途端にリチャードの心にさざ波が立つ。いや、どの男性でもおなじような反応が生じるだろう。リチャードは元々、かなりの夢想家で、良からぬことをあれこれと連想する癖がある。

ラフマニノフのピアノ協奏曲第2番を陶酔の表情で聴き入る2階の美女を口説いている場面をイメージしていると、突然、本物の彼女がやって来る。ピンクのパンツルック姿。めちゃめちゃ艶っぽい！　リチャードのボルテージが一気に上がる。

彼女はとことん天然系の明るい女性。ここからのふたりのやり取りが絶妙だ。

まずはリチャードが緊張感をほぐそうと常套句を――。

「なにか飲む？」

「わたし、底なしよ。ジンある？」

マリリンは屈託ない。

「えっ、ストレートで？」

「いえ、ソーダで割ってちょうだい」

「うーん、ふつうはジン・トニックなんだが、トニックが切れている。そうだ、ベルモットでマティーニを作ろう」

「素敵！　特大のグラスでね」

目尻を下げたリチャードは特大のタンブラーに、ジン、氷、ベルモットの順に入れ、最後にオリーヴの実をひとつ落としてからバー・スプーンでかき混ぜた。グラスがミキシング・グラス代わりなのか。これだとしかし、マティーニのロックだ。

「はい、マティーニの大盛り」

目を輝かせてグラスを受け取った彼女がひと口含むと、咳き込んだ。

「おいしいけど、お砂糖が足りないわ」

「えっ、マティーニに砂糖はまずいよ」

「どうして？」

「前からそう決まってるんだよ」

マリリンはポカーンとしている。

「わたしの故郷では入れているわ」

「どこ?」

「デンバー、コロラド州の」

彼女のコケティッシュな可愛さがたまらない。ほんとうにコロラドではそんな飲み方をしているのだろうか。ウラを取りたくなった。

はて、どんな味がするのか知りたくなり、一度、砂糖入りのマティーニにトライしたが、とても飲めたものではなかった。

この美女、翌日には高級シャンパーニュにポテトチップスを浸して食べていた。

「浸けると最高よ!」

どこまでお酒でギャグを取ろうとするのか。

『七年目の浮気』と言えば、マリリンが地下鉄の通風口の上に立ち、白いスカートをふわりと浮き上がらせる名場面を思い浮かべる。撮影現場にいた大リーガーの夫ジョー・ディマジオ(1914~99年)が妻の破廉恥な姿を目にして激怒し、これが引き金となり、2週間後、9か月間の結婚生活にピリオドが打たれた。

撮影中、ずっと精神状態が不安定だったマリリン、よくぞマティーニで笑わせてくれた。

ご立派〜！

『グッドライアー　偽りのゲーム』

マティーニからはじまる騙し合い

マティーニはアメリカ人好みのカクテルという印象が強いが、ぞっこん惚れ込んでいるイギリスの著名人も結構いる。

よく知られているのが、元首相ウィンストン・チャーチル（1874〜1965年）。超辛口のマティーニ愛飲家とあって、甘さを出すベルモットを加えず、そのボトルを眺めながらグラスのジンを味わっていたとか。これがかの有名な「チャーチル・マティーニ」。イマジネーションを最大限、活かしてカクテルを楽しむところがなんともオツである。

ゲイリー・オールドマンが主演した『ウィンストン・チャーチル　ヒトラーから世界を救った男』（2017年）でそのシーンが映ると期待していたのだが、ウイスキー（ジョニーウォーカー黒ラベル）とシャンパーニュばかりだった。

史上最大の作戦決行までの96時間を描いた『チャーチル ノルマンディーの決断』（同）では、あろうことかお酒がほとんど出てこなかった！

イギリスの首相なら、「鉄の女」と呼ばれたマーガレット・サッチャー（1925〜2013年）もマティーニがお好きだった。この人もチャーチルに負けず、無類の酒呑みで、スコッチ・ウイスキーにも目がなかった。

文学界では、『月と六ペンス』で知られる文豪サマーセット・モーム（1874〜1965年）は、かならずベルモットにノイリー・プラットを使い、ステアのマティーニを愛したという。

それでは映画界ではどうか？　ヘレン・ミレンがウォッカ・マティーニの愛飲家らしい。亡きダイアナ皇太子妃（1981〜96年）の交通事故死をめぐる王室の動きを再現した映画『クィーン』（2006年）で、主役のエリザベス女王（2世）に扮し、アカデミー賞主演女優賞を取った演技派女優だ。この人がシェークスピア俳優として知られるイアン・マッケランと共演したミステリー映画『グッドライアー 偽りのゲーム』（19年）で、冒頭から豪快な飲みっぷりを披露していた。

彼女が扮するのは、夫と1年前に死別し、ひとり息子も交通事故で亡くした孤独な熟年女性のベティ・マクリーシュ。出会い系サイトで、おなじように伴侶と死別し、息子と疎遠になっている紳士ロイ・コートネイ（マッケラン）と知り合い、ロンドンのレストランで初デートをする。

エレガントな服に身を包み、紫色のフリージアの花が添えられたテーブルで緊張した面持ちで坐っていると、ロイが少し遅れてやって来る。そのときウエートレスがグラスを持ってきた。

「ウォッカ・マティーニです」

グラスになみなみと透明の液体が入っており、その中に浸されたオリーヴの実が妖しく光っている。そのグラスを彼女がひと口で一気に半分ほどノドに流し込んだ。女性にしては、なんとも大胆な飲み方。気分をリラックスさせるためなのか。

飲み終えると、ごく自然に声を漏らした。

「オーッ……」

マティーニをこんなふうに飲むとやはり堪える。

ベティはカクテル・グラスのボウル（液体の入っている部分）を手でガッツリ掴むようにして口に運んでいた。うーん、よほど緊張していたのだろうか。

このあとふたりが自己紹介するのだが、出会い系サイトでは、両人とも偽名を使っていた。

「わたしは不誠実なことがなによりも嫌いなんです」

ロイがそう言って本名を明かすと、ベティもおなじように言った。そしてふたりは食事を楽しみ、握手して別れる。

いかにも大人の雰囲気を醸し出すシックな出会いの場面だが、実はロイは冷酷なやり手の詐欺師で、ベティの莫大な資産を根こそぎ騙し取ろうと接近してくる。

「わたしは不誠実なことがなによりも嫌いなんです」

この言葉が意味深であるのがこのあとだんだんわかってくる。彼女は世間知らずのウブな年配女性。いとも簡単に計画が運ぶかに思えたが、あっと驚く想定外の展開が用意されている。

すべて観終えてから、冒頭の出会いのシーンを思い出すと、ベティが大胆にマティーニを味わっていた意味がじんわりと伝わってくる。

演技だったのか……。そうであれば、なんとシブい演出だ。

マティーニが誘《いざな》う〈騙し合いのバトル〉に堪能させられた。

ボンド・マティーニ

BOND MARTINI

映画作品リスト

『007／ドクター・ノオ』

1962年／イギリス／監督：テレンス・ヤング

出演：ショーン・コネリー、ウルスラ・アンドレス、ジョセフ・ワイズマン、ジャック・ロート

『007／カジノ・ロワイヤル』

2006年／イギリス・アメリカ・チェコ／監督：マーティン・キャンベル

出演：ダニエル・クレイグ、エヴァ・グリーン、マッツ・ミケルセン、ジュディ・デンチ

『007／ドクター・ノオ』

これぞ、ジェームズ・ボンドの愛飲酒

イギリス人でマティーニと言えば、やはりこの男を外せない。

イギリス政府秘密情報部（MI－6）の凄腕諜報員、ジェームズ・ボンド。コードネームの「007」は殺しのライセンス。シャンパーニュ、ワイン、ウイスキーとアルコール飲料ならなんでもござれだが、ことカクテルとなれば、マティーニで決まりだ。

「ウォッカ・マティーニ、ステアではなく、シェイクで（Vodka Martini , shaken , and not stirred）」

このセリフで知られるように、ウォッカ・ベースの、それもシェイクして氷を砕いた少し水っぽいマティーニがお気に入り。

ジェームズ・ボンドは、原作者イアン・フレミ

ングが第2次世界大戦中に所属していたイギリス海軍情報部での諜報活動とコマンド部隊のメンバーからヒントを得て創作された。原作に当たると、父親がスコットランド人、母親がスイス人となっており、ゆめゆめイングランド人紳士ではないのだ。

スパイ・アクション映画として公式の007シリーズが25作、番外編が2作、トータルで27作公開された（2024年7月時点）。

ボンドがはじめて銀幕デビューしたシリーズ1作目『007／ドクター・ノオ』（1962年）で最初に口にしたお酒が、ズバリ、ウォッカ・マティーニだった。公開当時、日本でのタイトルは『007は殺しの番号』。

その記念すべきファースト・シーンを再現すると――。

カリブ海に浮かぶジャマイカ。クラブ・キーと呼ばれる島から怪電波を発信し、アメリカが打ち上げるロケットの軌道を乱そうとする犯罪科学者ドクター・ノオ（ジョセフ・ワイズマン）の計画を阻止するため、ショーン・コネリー扮するボンドが現地へ飛ぶ。

首都キングストンのホテルの部屋に入ると、給仕がウォッカ・マティーニを作っている。すでに嗜好の情報が知られており、ボンドの表情がやや硬くなる。

シェイカーからロック・グラスに注がれたマティーニ。スミノフのウォッカのボトルがこれみよがしに映っていたが、ベルモットのボトルがよく見えない。

それにオリーヴではなく、ライムがグラスに添えられている。ここはカリブ海、まぁ納得できる。

ボンドは薬物が混入されているかもしれないと用心し、舌を湿らせるだけ。

このあと2回、ウォッカだけが出てくる。

そして侵入したクラブ・キーの秘密基地で捕らえられ、ドクター・ノオとはじめて対面する。このとき両腕が義手の博士からグラスを勧められる。

「マティーニだ。用意してある」

ボンドがすばやく返す。

「ウォッカか」

「もちろん」

カクテル・グラスの中には、オリーヴの実ならぬ、レモン・ピールしか入っていない。当然、警戒し、グラスに口を付けなかった。

これが映画のなかでボンドがはじめて手にしたウォッカ・マティーニである。大好きなカクテルなのに、ほとんど飲めなかったのは本人も遺憾であっただろう。

ボンドのカクテル＝ウォッカ・マティーニ。

この図式が定着しているが、かならずしも全作品にこのカクテルが登場しているわけではない。調べてみると、全27作のうちウォッカ・マティーニとおぼしきものを含めると、19作あった。コネリーが復帰した番外編『ネバーセイ・ネバーアゲイン』（83年）とティモシー・ダルトンが4代目ボンドに扮した15作目『007／リビング・デイ・ライツ』（87年）ではなんと3回も登場している。

あれほどシェイクにこだわっているのに、4作目『007／サンダーボール作戦』（65年）ではミキシング・グラスを使っているし、日本を舞台にした5作目『007は二度死ぬ』（67年）ではロック・グラスの中でステア（ビルド）している。これらは明らかにルール違反！（笑）

25作目『007／ノー・タイム・トゥ・ダイ』（2019年）では、キューバのサンティアゴ・デ・クーバのバーの屋外で、謎の女性スパイ、パロマ（アナ・デ・アルマス）と一緒にスミノフをベースにしたウォッカ・マティーニを原則通りにシェイクしたもので味わっていた。このときキュートなパロマがなんと一気飲みしていたのには驚いた。

ちなみにマティーニ以外のカクテルでは、3作目『007／ゴールドフィンガー』（64年）のミント・ジュレップ、『007／サンダーボール作戦』のラム・コリンズ、『ネバーセイ・ネバーアゲイン』のブラディ・メアリー、5代目ボンドのピアース・ブロスナン最後の作品となった20作目『007

／ダイ・アナザー・デイ』（02年）のモヒート、６代目ボンドのダニエル・クレイグが初登場した21作目『００７／カジノ・ロワイヤル』（06年）のダーク・ラム（マウント・ゲイ）のソーダ割り――の５作品だけだった。

やはりカクテルは断然、マティーニなのだ。

実はシャンパーニュが20作品に登場しており、マティーニよりも多い。確かにシャンパーニュのうんちくもなかなかのものだ。

ボンドのウイスキー歴については、拙著『ウイスキー アンド シネマ 琥珀色の名脇役』の「００７シリーズ」の項で詳しく記述しているので、ご参照を。

００７通ならご存知と思うが、実はボンドはウォッカ・マティーニだけを愛飲しているのではない。自ら考案したマティーニがある。

それはこのあとで――。

『007／カジノ・ロワイヤル』

愛する女性の名を冠したヴェスパー

アドリア海に面したモンテネグロのリッチな賭博場「カジノ・ロワイヤル」──。

イタリアの超高級ブランド、ブリオーニのタキシードに身を包んだジェームズ・ボンドが、テロリストに資金提供している「死の商人」、ル・シッフル（マッツ・ミケルセン）らとポーカーに興じている。ボンドはイギリス政府の国家予算1500万ドルを使って、シッフルを打ち負かし、資金的に枯渇させるのが狙いだ。

そのゲームの最中《さなか》、息抜きにウエイターを呼んだ。

「ドライ・マティーニを。ちょっと待った。ゴードン・ジンを3、ウォッカを1、キナ・リレを2分の1の割合で。それをシェイクしてからレモン・ピールのスライスを添えて」

キナ・リレとは、マラリアの特効薬「キナ」の樹皮を原料にしたフランス産ベルモットの一種。その後、製造中止になったので、ボルドー産のアペリティフ・ワイン「リレ・ブラン」が代用品に使われている。

こだわりのオーダーのあと、ボンドが席を外してバー・カウンターへ。そこにパープル色のイブニング・ドレスが映える美女ヴェスパー・リンドがいる。

彼女はイギリス政府財務省資金係の有能なスタッフで、ボンドの監視役だ。ふたりは熱愛中のカップルを装っており、いきなりボンドがヴェスパーの唇を奪う。うらやましい役得だこと……。

「うーん、いい味だ」

そしてくだんのカクテルの入ったグラスを手にし、ひと口すする。

「これもかなりいい味だ。このカクテルの名を考えておこう」

このとき、前述した『グッドライアー 偽りのゲーム』のベティ同様、ボンドもグラスのボウル（胴体）を手のひらで包み込むようにして飲んでいた。

おいおい、ブランデーではないのに……？ これは納得できない飲み方だが、善意に解釈すると、いつ敵に襲われるのかわからない身、早く飲まなければならないという習性ができているのかもしれない。

翌日のポーカーでボンドが大逆転劇を演じ、シッフルを奈落の底に突き落とす。

そしてヴェスパーをレストランに誘い、このとき特製マティーニに名前が付けられた。

実はここに至るまでに、カクテルに毒を盛られ、絶体絶命のピンチに陥ったボンドが間一髪、彼女に救われていた。言わば命の恩人なのだ。

そんな経緯があるから、ボンドは冷徹なスパイにあるまじく、ヴェスパーに心を惹かれはじめていた。

テーブルをはさんで向き合うふたり。特製マティーニの入ったカクテル・グラスを手にしたボンドが口を開いた。

「これをヴェスパーと名付けよう」

ズバリ、彼女の名前だ。

「それはあと味が苦いから?」

「違うよ。一度、味を知ったら、ほかのは飲めないから」

かくしてこのボンド・マティーニに「ヴェスパー」の名が与えられた。

一連のやり取りは、シリーズ21作目『007/カジノ・ロワイヤル』(2006年)の名シーンである。ボンド役には前述したダニエル・クレイグ、ヴェスパーにはフランス人女優エヴァ・グリーンが扮している。

『007／カジノ・ロワイヤル』は、原作者のフレミングが1953年に発表した第1作目の同名小説を原作にしている。ヴェスパー・マティーニはもちろん小説の中でも登場するが、場所がモンテネグロではなく、モナコ・モンテカルロの街中のバーで生み出されたことになっている。

1967年、この小説が番外編として、『007／カジノ・ロワイヤル』と同名タイトルで映画化された。名匠ジョン・ヒューストン（1906〜87年）ら5人の監督の共同演出で、オールスター・キャストによるパロディー風味のナンセンス・コメディー映画だ。当然、ヴェスパー・マティーニが出てくるものと期待していたのだが、単なるマティーニだった。

2006年の『007／カジノ・ロワイヤル』は、秘密兵器がやたらと登場し、大味なアクション路線になってきたシリーズを見直し、原点に戻そうと企画されたもので、ジェームズ・ボンドがいかにして「007」になったのかがシリアスに描かれていた。

そしてボンドの最初で最後の切なくも美しい愛も……。その象徴がヴェスパー・マティーニだったのだ。

次の22作目『007／慰めの報酬』（08年）では、ヴァージン・アトランティック航空機のアッパークラス・ラウンジで、ボンドがこのマティーニを6杯もお代わりしていた。最愛の女性への思い出

に浸っていたのか、こんな未練たらしいボンドを見たのははじめてだった。
実はボンド・マティーニにはもうひとつ別のカクテルがある。
24作目『007／スペクター』（15年）で、ボンドが妖しい女性マドレーヌ（レア・セドゥ）と夜行列車内での会食中に登場した「ダーティー・マティーニ」と呼ばれる変形タイプ。シェイクしたウォッカ・マティーニだが、オリーヴの漬け汁を加えているので、少し濁っており、オリーヴの実も3つ入っている。言わば、オリーヴを強調したマティーニだ。
そのグラスをボンドが口にした途端、殺し屋に襲われ、結局、味を堪能することができなかった。こういうパターンが結構、多い。つくづくスパイは因果な稼業だと思う。

ともあれ、００７映画は永遠なれ——。

これから想定できない奇抜なマティーニが登場するやも知れぬ。あ、、楽しみ、楽しみ。

シェイク 1

シネマに寄り添うカクテルたち

映画のタイトルを冠したカクテル——。

スコッチ・ウイスキーとアーモンドの香りを放つリキュール、アマレットが重厚な味をかもし出す「ゴッドファーザー」、シャンパンとイタリア産リキュール、ブラック・サンブーカとの漆黒のアンサンブルが楽しめる「ブラック・レイン」……。ほかにも「フレンチ・コネクション」、「マイ・フェア・レディ」、「サウンド・オブ・ミュージック」など枚挙にいとまがない。やはりハリウッド映画が多いようだ。

映画スターでは、スロー・ジン、アプリコット・リキュール、レモン・ジュースのバランスが絶妙な「チャーリー・チャップリン」をはじめ、「メアリ・ピックフォード」、「ハンフリー・ボガート」、「マレーネ・ディートリッヒ」などなど。ヒロインの名にあやかったものなら、『風と共に去りぬ』(1939年)の「スカーレット・オハラ」。どれも古き良き時代の映画に出演していた人たちばかり。

こうした映画にちなんだカクテルを口にすると、ごく自然に思い出深いシーンが脳裏によぎってくる。

ウイスキー・ベース

Whisky base

映画作品リスト

〈マンハッタン〉『旅情』

1952年／イギリス・アメリカ／監督：デヴィッド・リーン

出演：キャサリン・ヘップバーン、ロッサノ・ブラッティ、イザ・ミランダ

〈ロブ・ロイ〉『タイムトラベラー　きのうから来た恋人』

1999年／アメリカ／監督：ヒュー・ウィルソン

出演：ブレンダン・フレイザー、アリシア・シルヴァーストーン、
クリストファー・ウォーケン、シシー・スペイセク

〈ハイボール〉『華麗なるギャツビー』

2013年／アメリカ／監督：バズ・ラーマン

出演：レオナルド・ディカプリオ、トビー・マグワイア、キャリー・マリガン、
ジョエル・エドガートン

〈ミント・ジュレップ〉『007／ゴールドフィンガー』

1964年／イギリス・アメリカ／監督：ガイ・ハミルトン

出演：ショーン・コネリー、ゲルト・フレーベ、オナー・ブラックマン、ハロルド坂田

〈サゼラック〉『ベンジャミン・バトン　数奇な人生』

2008年／アメリカ／監督：デヴィッド・フィンチャー

出演：ブラッド・ピット、ケイト・ブランシェット、ティルダ・スウィントン、
ジェイソン・フレミング

マンハッタン

MANHATTAN

「カクテルの王様」のマティーニに対し、「カクテルの女王」と呼ばれるマンハッタン。誕生の由来で一番よく知られているのが、19世紀後半のアメリカ大統領選挙のとき、のちにイギリス首相になるウィンストン・チャーチルのアメリカ人の母親ジェニー・ジェロームが、ニューヨークの「マンハッタン・クラブ」で開いたパーティーで作ったという説。しかし後年、そのとき母親はフランスにいたとチャーチルが証言しており、ウラ付けが取れていない。

標準的なレシピ

ライ・ウイスキー…3/4　スイート・ベルモット…1/4
アンゴスチュラ・ビターズ(1ダッシュ)。それをステアし、カクテル・グラスに注いでからマラスキーノ・チェリーを添え、レモン・ピール。これが標準的なレシピだが、ふつうのバーボン・ウイスキーをベースにする場合も珍しくない。

『旅情』

イタリアとアメリカをミックス

マンハッタンと言えば、かならず登場する映画がある。

それが禁酒法時代のアメリカを舞台にマリリン・モンロー、ジャック・レモン、トニー・カーチスがミュージシャンに扮したコメディー映画『お熱いのがお好き』（1959年）。本書で何度も出てきたビリー・ワイルダー監督が、夜行列車の場面でこのカクテルをきわめ付きの〝ギャグ〟としておもしろおかしく演出している。

このシーンは、拙著『ウイスキー アンド シネマ 琥珀色の名脇役』の「お熱いのがお好き」の項で詳しく触れているので、ここでは割愛する。

ならば、ほかにマンハッタンが出てくる映画があるのか。あれこれと調べると、これまたクラシカルな映画だが、実にユニークな使われ方をしている作品があった。

その映画とは、イタリアのヴェニスでのひと夏の恋を切なく綴った『旅情』（52年）――。『戦場にかける橋』（57年）や『アラビアのロレンス』（62年）などのスペクタクル大作で知られるイギリスの巨匠デヴィッド・リーン監督（１９０８〜91年）がこんな小粋なラヴ・ロマンスを撮っていたとは驚きである。

長期休暇を取り、ヨーロッパのひとり旅を満喫しているアメリカ人女性ジェーン・ハドソンは婚期を逃した38歳のＯＬ。ロンドンとパリを訪れてから、オリエント急行で水の都ヴェニスへやって来た。

憧れの街とあってボルテージが上がり、目を爛々と輝かせ、８ミリ・カメラをまわし続ける。彼女に扮した名優キャサリン・ヘップバーン（１９０７〜２００３年）は、このとき45歳だった。

水上バスに乗り、予約していたペンシオーネ（民宿）にジェーンが到着すると、英語を自在に操るオーナーのフィオリーニ夫人（イザ・ミランダ）がボトルを手にして歓待した。

「チンザノよ」

イタリア産ベルモットの代表格だ。するとジェーンがこっそり持ち込んでいたボトルを見せた。

「はい、こちらはバーボンよ」

言わずと知れたアメリカン・ウイスキーの定番だ。銘柄はなにか？　残念なことにボトルが見えない。

思わぬ展開に夫人が少し驚いたが、顔は笑みを湛えたまま。そしてジェーンがすばやく右手でチンザノを、左手でバーボンのボトルを持った。

「氷なしで飲むと決めたの。そうだわ、イタリアとアメリカを混ぜましょう」

これ、英語のセリフでは「ハーフ・イタリアン、ハーフ・アメリカン」。直訳すれば、「イタリアとアメリカを半分ずつ」となる。

彼女が、ふたつのボトルから同時にタンブラー（大型のグラス）にベルモットとウイスキーを注いだ。分量は適当。氷で冷やしていないのが難だが、これは限りなくマンハッタンに近い代物だ。おそらくかなり甘いと思うけれど……。

ぼくが脚本家か監督なら、絶対にこんなセリフを付ける。

「はい、即席のマンハッタンのでき上がり！」

グラスを手にした夫人がジェーンに訊く。

「ヨーロッパははじめてなんですか。ひとり旅は平気ですか」

「好きですよ。昔から自立してるの。わたしは風変わりな秘書なの」

ふたりがグラスを合わせる。

「サルート（乾杯）！　よろしく！」

フィオリーニ夫人はお酒に強くはなさそうで、氷をグラスに入れていた。真夏のイタリアはかなり暑いので、このほうが正解だと思う。

ジェーンはしかし、温いのがお好きと見え、グビリとノドに流し込んだ。

「人生で逃してきたモノを見つけたいの」

ヴェニスへ来た目的を明言した彼女が、このカクテルを体に染み込ませ、気分的にイタリアに同化させようとしていた。こういう場合、お酒を飲むのがてっとり早い。

このあとジェーンは民宿では自分のバーボンを口にしていたが、街中ではイタリア産のリキュールやベルモットばかり。

そしてサン・マルコ広場のカフェで、ヴェネチア・グラスの店を営む中年男性レナート（ロッサノ・ブラッツィ）と運命的に出会い、ロマンスが花開く。

アメリカ人女性とイタリア人男性。ふたりがはじめて向き合ったときにこそ、マンハッタンを使ってほしかった。それが残念でならない。

ロブ・ロイ

ROB ROY

マンハッタンのスコッチ・ウイスキー版。カクテル名は18世紀、「スコットランドのロビン・フッド」として知られた義賊ロバート・ロイ・マグレガー（1671〜1734年）に由来する。ロブ・ロイとは「赤毛のロイ」という意味。1894年、ニューヨークのホテルのバーテンダーがブロードウェイ・ミュージカル『ロブ・ロイ』のプレミア公演を記念して考案した説が有力らしい。

標準的なレシピ

スコッチ・ウイスキー…3/4　スイート・ベルモット…1/4
アンゴスチュラ・ビターズ（1ダッシュ）をステアし、カクテル・グラスに注いでからマラスキーノ・チェリーを飾る。
1920年代前半に日本へ伝わったが、なぜかドライ・ベルモットが使われていたという。

『タイムトラベラー　きのうから来た恋人』

１９６０年代、アメリカ中産階級の愛飲酒

ウイスキーに限って言えば、アメリカの中産階級や上流階級は自国のバーボンよりもスコッチを好む傾向が強いと言われている。

カクテルでも、マンハッタンと比肩できるほどロブ・ロイがよく飲まれ、とりわけ１９６０年代には流行していたそうだ。

それをウラ付ける映像が、ラヴ・コメディー映画『タイムトラベラー　きのうから来た恋人』（99年）に幾つも映っている。

米ソ冷戦がリアルな核戦争勃発の瀬戸際までに至ったキューバ危機の１９６２年。大学教授から発明家へと転身した風変わりなカルヴィン・ウェバー（クリストファー・ウォーケン）の家で知人を招いてパーティーがおこなわれている。大学関係者が多い。場所はロサンゼルスの郊外。

主（ホスト）のカルヴィンが、ご機嫌な表情で招待客にショート・カクテルを振る舞っている。それがロブ・ロイだった。黄金色の液体のなかで真っ赤なマラスキーノ・チェリーがことのほか映えている。

「良酒、口に苦し」

ジョークを交わしながらカルヴィンが招待客と歓談していると、ジョン・F・ケネディ大統領（1917〜63年）の緊急記者会見がテレビで放映された。なんとソ連の中距離ミサイルがキューバに配備されているというのだ。

カルヴィンは異常なほど神経質な性格とあって、すぐさまパーティー客全員を帰らせ、臨月の妻ヘレン（シシー・スペイセク）と一緒に地下に建造していた核シェルターへ避難した。

その直後、アメリカ空軍のジェット機がなんらかの事故で自宅に墜落し、その衝撃でシェルターのゲイトがロックされた。夫婦はてっきりソ連の核攻撃を受けたものと勘違いする。まぁ、わからんでもないが……。そのゲイトが解除されるのがなんと35年後！

シェルター内は室温22度に設定され、35年間分の水と食糧のほかに酒、書物、娯楽用品などが完備されており、なかなか快適だ。

そんな中、地上が核に汚染され、廃墟になっているに違いないと信じ込んでいる夫婦が「わたし

たちはラッキーね」とロブ・ロイを味わいながら居間でくつろいでいる。よほどこのカクテルがお好きとみえる。

やがて息子のアダムが誕生する——。

1997年、35歳になったアダム（ブレンダン・フレイザー）がひとりで地上へ出る。

彼は父親からマンツーマンで英才教育を受け、古き良き時代のアメリカをそのまま受け継いだ純粋培養された優等生。精神的にも子ども同然で、驚くほどピュアだ。はじめて目にする空、雨、海、黒人に理屈抜きに感激する。すべてが新鮮！

そんなアダムが野球のグッズ・ショップで出会ったキャピキャピ娘丸出しの女性店員イヴ（アリシア・シルヴァーストーン）と知り合い、

やがて友達から恋人へと発展する。

人類最初の男女と言われるアダムとイヴという名がなんとも意味深で、ふたりの温度差が笑いを醸し出す。

ある日、イヴに連れて行ってもらったクラブで、アダムが迷わずオーダーしたショート・カクテルを見て、彼女がキョトンとする。

「そのお酒は?」

「ロブ・ロイだよ。人気の飲み物だったんだ」

アダムが成人してから、おそらく核シェルターの中でこのカクテルを父親からよく飲まされていたのだろう。しかし、「人気の飲み物」と言っても、当然、彼女にはピンとこない。

どんなスコッチとベルモットが使われているのか気になっていたら、終盤で銘柄が判明した。すっかり老いた父親のカルヴィンがシェルター内のバー・カウンターで、家族のためにロブ・ロイを作っている場面ではっきり映っていたのだ。

スコッチがカティー・サーク、ベルモットがイタリア産のマルティーニだった。

レシピではミキシング・グラスでステアするのだが、父親はスポーツ選手や料理教室の先生らがよく用いているミキシング・ボトルによく似た容器を使っていた。大振りの「ガラス・シェイカー」

の一種と言えばいいのか、日本ではあまり見たことがない。

映画でこのカクテルが登場するのは、いまのところ本作でしか見当たらない。ロブ・ロイという格調高いカクテルが、こんなキュートな映画の脇役で頻繁に〝出演〟していたとは思ってもみなかった。

やはり1960年代に流行っていたのだ！　それを確認できたのが大きな収穫だった。

ハイボール

HIGHBALL

言わずと知れたウイスキー・アンド・ソーダのこと。19世紀はじめ、開拓時代のアメリカで、ウイスキーのソーダ割りを好む列車の信号係が、発車時に棒の先端に球（ボール）を付けた信号機を上げ、「ハイボール」と叫んでいたことに由来する説が有力。スコッチのジョン・デュワー＆サンズ社は自社のデューワーズ（ホワイト・ラベル）がハイボールの元祖と主張しているが……。「ＨＩＧＨＢＡＬＬ」の文字がはじめて活字になったのは、確認されている限りでは、1882年のカクテル・ブックが最古だという。日本では1960年代以降、街のトリス・バーでハイボールがよく飲まれ、「トリ・ハイ」と呼ばれていた。

標準的なレシピ

ウイスキー（スコッチ、バーボン、ライ・ウイスキーなど）の入ったタンブラーに適量のソーダを注ぎ、バー・スプーンでステアすれば、でき上がり。
本来はしかし、蒸留酒やリキュールをソーダ、トニック・ウォーターなどの炭酸飲料で割ったものをさしていた。つまり飲むスタイルのことだった。

『華麗なるギャツビー』

なんとトロピカルな！

20世紀を代表するアメリカ文学の小説家F・スコット・フィッツジェラルド（1896〜1940年）の最高傑作と言われる『グレート・ギャツビー』（1925年発刊）。「黄金のジャズ・エイジ」と呼ばれた狂騒の1920年代を見事に活写したこの作品は、これまでに5回も映画化されている。

その一番新しいレオナルド・ディカプリオ主演の『華麗なるギャツビー』（2013年）に信じられないハイボールが登場していた。

禁酒法時代の1922年、ニューヨーク・ロングアイランドのウエスト・エッグ地区にある大豪邸でひとりで暮らし、映画スターや投資家、メディア関係者ら大勢のセレブを招いて連日連夜、豪勢なパーティーを催す青年実業家、それがギャツビーである。しかし華やかな世界とは裏腹に、どことなく孤愁を漂わせている。

パーティー・シーンが何度も出てくる。招待客がマティーニ、オレンジ・ブロッサムなどのカクテル、シャンパーニュ（モエ・エ・シャンドン）、ウイスキーをジャンジャンあおり、チャールストンを踊りまくるという乱痴気騒ぎを繰り返す。禁酒法なんかクソくらえ、飲んで、飲んで、飲みまくれとばかりに酔いつぶれる。

ギャッツビーは良家の御曹司で、全米に薬局チェーンを展開していると喧伝しているが、はて、それだけで億万長者になれるものなのか。金の源泉は？　どこか謎めいており、胡散臭さが付きまとう。

そんなギャッツビーが、隣家に住む証券会社の社員ニック・キャラウェイ（トビー・マグワイア）に接近し、5年間におよぶ熱い想いを成し遂げようと画策する。

それは対岸のイースト・エッグ地区に住む、ニックの大学時代の友人で鉄道王として知られるトム・ブキャナン（ジョエル・エドガートン）の妻デイジー（キャリー・マリガン）を奪い取ろうというもの。実はニックの従姉妹であるデイジーはかつてギャッツビーの恋人だったのだ。

くだんのハイボールは、ギャッツビーがニックを街中のレストランに連れて行ったときに出てくる。このレストラン、酒を飲ます闇の飲食店で、「美徳の聖堂」の異名を取り、なんと理髪店の地下にあっ

た。
ステージで黒人女性ダンサーたちがエロチックなトロピカル風の踊りを披露し、その激しいリズムに合わせてカウンター内で数人のバーテンダーが大量のカクテルを作っている。驚くべきことに、客席には酔っている警察署長や上院議員らの姿も……。
そんな猥雑な店で、ギャッツビーが仕事仲間という怪しそうな中年男ウルフシャイム（アミターブ・バッチャン）をニックに紹介したときにオーダーしたのがハイボールだった。
「ハイボールを！」とはっきり言っていた。てっきりウイスキー・アンド・ソーダと思いきや、まったく想定外のドリンクが提供された。ジョッキのような大振りのグラスに球状の小さな氷がびっしり詰め込まれており、茶色っぽい酒が入っている。なんのお酒かはわからないが、ここはウイスキーと思いたい。

グラスの縁に大きなバニラの葉が添えられている。数本の真っ赤なマラスキーノ・チェリーが飾りのレモンに突き刺されており、ストローが氷の上に屹立している。

どう見ても、トロピカル・カクテルだ。いや、ミント・ジュレップの変形タイプなのか。この映画は時代考証がしっかりしているので、実際にこんなハイボールがあったに違いない。

ギャツビーとウルフシャイムはそのハイボールを口にせず、ニックだけがおいしそうにストローでチュウチュウ吸っていたのがおかしかった。

この席上、ギャツビーがまともな正業に就いていないことが薄々わかってくる。そして、あろうことか、デイジーの夫トムがやって来る。彼を目にするや、ギャツビーが慌てふためき、忽然と姿をくらます……。

日本人にとって、ハイボールはやはりウイスキーのソーダ割りが一番わかりやすい。もっとも、長らく「ハイボール」の呼称は死語になっていた。それに代わって、「ウイスキー・ソーダ」がまかり通っていたが、２０００年頃からふたたび、「ハイボール」が復活した。言葉って生き物だとつくづく思い知らされる。

いまや、「ウイスキー・ソーダ」という人はほとんどいないと思っていたら、映画のなかでひとりいた。

札幌を舞台にしたハード・ボイルド映画『探偵はBARにいる3』(17年)で、主人公の探偵オレ(大泉洋)の相棒兼運転手を務めている高田(松田龍平)という青年。北海道大学農学部のグータラ学生だが、空手道場の師範代という風変わりなキャラクターだ。

オレが事務所代わりにしているススキノのバー「KELLER　OHATA(ケラー・オオハタ)」にこの高田が来ると、ハンコを突くようにこう言う。

「バーボン・ソーダを」

ウイスキーの銘柄が気になるのだが、わからずじまい。

ともあれ、タンブラーに入った氷が映えるハイボールは、映像としてすごく絵になる。

ミント・ジュレップ

MINT JULEP

刺激的なミントの香りがウイスキーの味を引き立てる、爽やかなロング・カクテル。「ジュレップ」とは、アラビア語で「甘みの効いた飲み物」のこと。19世紀前半にある程度、普及していたらしい。当初、ベースはポート・ワイン、その後、ブランデーやラムになり、1910年ごろからウイスキーに変わった。日本で本格的に広まったのは、生ミントが入手しやすくなった80年代から。

標準的なレシピ

バーボン・ウイスキー…60mℓ
砂糖（ティー・スプーン2杯）、ミントの葉（適量）、ミネラル・ウォーター、またはソーダ（30mℓ）。ミントをしっかり潰すのが肝要。そこにクラッシュド・アイスを入れる。ふつうはコリンズ・グラスが使われる。

『007／ゴールドフィンガー』

情報を訊き出す手段として

バーボン・ウイスキーの故郷、アメリカ中東部ケンタッキー州バーボン郡のルイビル。その町にあるチャーチルダウンズ競馬場で毎年5月の第一土曜日に開催される3歳牝馬のレース「ケンタッキー・ダービー」は、1875年に創設されたアメリカ最高峰の競馬イベントと言われている。

そのオフィシャル・ドリンクに認定されているのがミント・ジュレップだ。

レース当日と開催前の社交パーティーやランチ会などで何万杯も提供されている。アメリカの象徴とも言えるこのカクテルを、イギリス秘密情報部のスパイ、ジェームズ・ボンドがシリーズ3作目『007／ゴールドフィンガー』（1964年）で意味深に味わっていた。ボンド役は初代のショーン・コネリー。

金（ゴールド）の密輸に手を染める実業家オーリック・ゴールドフィンガー（ゲルト・フレーベ）にボンドが接近する。冒頭、金髪美人がゴールドフィンガーを裏切ったことで、全裸のまま金粉を塗られて窒息死させられたシーンはあまりにも有名だ。

「グランド・スラム計画」という恐るべき企みをゴールドフィンガーが立案しているのをキャッチしたボンドが彼の一味に捕らえられ、ケンタッキーにあるオーリック牧場に連行される。この男が所有する競走馬の飼育場だ。

ボンドは牢獄に監禁されるも、難なく脱出し、その計画の概略を知ることになる。それはこの近くにあるフォート・ノックス陸軍基地内の金塊貯蔵庫から金塊をごっそり強奪するというもの。すぐに盟友関係にあるＣＩＡ（アメリカ中央情報局）の工作員に伝えようとするが、またも捕まってしまう。その場で邪魔者のボンドを殺せばいいものを、なぜかゴールドフィンガーは会話を楽しもうとする。

何頭もの馬が疾駆する牧場の前のテラスで、ゴールドフィンガーが、美貌の専属パイロット、プッシー・ガロア（オナー・ブラックマン）を相手にミント・ジュレップのグラスを傾けている。ケンタッキーでカクテルを飲むなら、やはりこれしかない。

はて、どんな銘柄のバーボンを使っているのか？　肝心のボトルが映っていないが、「ケンタッキー・ダービー」公認バーボンのアーリー・タイムズかウッドフォード・リザーブと思いたい。

ガロアが衣装直しのために退席すると、牢獄からスーツ姿のボンドが連れて来られる。

「ミント・ジュレップをどうだ」

ゴールドフィンガーから言われ、ボンドは即答する。

「いただこう。甘味を控えて」

グラスを受け取ったボンドが「グランド・スラム計画」の詳細を訊き出すと、理路整然と反論する。

「150億ドルの金塊。ざっと1万5000トンもある。60人でトラックに積むとしても、12日がかりで200台もいる。しかも軍隊が来るまでに2時間しかない。無理だろう」

ゴールドフィンガーは、このあとボンドの命を奪うつもりなので、酔いも手伝ってべらべらと喋りはじめた。

「味はどうだ」

ゴールドフィンガーからカクテルのことを訊かれても、それを無視して質問を浴びせ、情報収集に余念がない。ボンドにとってミント・ジュレップは相手の口を軽くさせ、情報を得るためのツールのようだった。

そのうち、「グランド・スラム計画」はまったく想定外のおぞましい犯罪であることがわかってくる。ボンドはグラスに口を付けながら、いかにしてここから脱出し、その計画を防ぐべきかと思案している。

コリンズ・グラスを持つ手がなんともしなやかで、惚れ惚れとする。ロング・カクテルはかく味わうべしというお手本のようだ。

立ち居振る舞いからして、男の色気がそこはかと感じられ、007は、やはりショーン・コネリーが一番！　つくづくそう実感させられる。

ボンドがすべてを把握したとき、パープル色のパンタロンを履いたガロアが姿を現す。このあと、どういうわけかボンドはすぐに殺されず、厩舎で彼女と親密な仲になり……。

この映画には、ハワイ出身の日系レスラー、ハロルド坂田（1920～82年）扮するオッドジョブという不気味な男が登場する。刃物で縁取られたシルクハットを殺人の武器に用いるゴールドフィンガーの用心棒兼運転手だ。

ラスト、この男とボンドとの一騎打ちがアクションのハイライトだが、ミント・ジュレップのシーンは、言わば心理戦のハイライトだったと言えよう。

サゼラック

SAZERAC

1850年代、アメリカ南部ニューオーリンズの酒場「ザ・サゼラック・コーヒー・ハウス」で誕生したと伝えられており、一説によると、世界最古のカクテルとも言われている。当初はフランス産ブランデー（コニャック）をベースにしていたが、1870年代にフランスで原料のブドウが害虫で壊滅状態になったので、ライ・ウイスキーが使われるようになった。日本には少なくとも1920年代前半までに伝わっていたようだ。

標準的なレシピ

ライ・ウイスキー…50㎖
ビターズ（4ダッシュ）、シュガー・シロップ（2ダッシュ）、アブサン（1ダッシュ）、レモン・ピール。ステアしていただく。

『ベンジャミン・バトン 数奇な人生』

過去を知るきっかけを作ったカクテル

80歳の老人として生を授かり、年々、若返っていく男の一生——。

よくぞこんな奇抜な物語を生み出したものだ。前述した『華麗なるギャツビー』の作者F・スコット・フィッツジェラルドの短編を元にし、名匠デヴィッド・フィンチャー監督が名コンビのブラッド・ピットを主演に起用し、『ベンジャミン・バトン　数奇な人生』（２００８年）という刺激的なヒューマン・ドラマに仕上げた。

その舞台がアメリカのディープ・サウスのニューオーリンズ。となれば、登場するカクテルはあれしかない。

サゼラックだ。

１９１８年、第１次世界大戦が終結した日の夜に生まれたベンジャミンが、「奇形児」として老人施設の前に置き去りにされ、その施設で働く黒人の両親の愛情を受けて育てられる。余命が幾ばくもないと思われたのに、日々、すくすくと若返っていくのだから驚きだ。やがて車イスからツエで歩けるようになり、髪の毛がめっぽう増え、シワも少なくなってきた。

18歳のとき、つまり肉体年齢では62歳だが、銀縁メガメをかけた初老の男丸出しのベンジャミンがひとり立ちを決意し、タグボートの乗組員になる。自称「アーティスト」の船長の計らいで売春宿へ連れて行かれ、童貞を捨てた。

初体験の悦びに浸っていると、パナマ帽を被った紳士から声をかけられ、酒場へ誘われる。そこは見るからにアメリカ南部といったバタ臭い雰囲気。ひょっとしたら、ここが「ザ・サゼラック・コーヒー・ハウス」なのかもしれない。

テーブル席に腰を下ろしたふたりに、黒人のウエイターが注文を取りに来る。

「飲み物は?」

酒場はおろか、お酒を口にしたことのないベンジャミンは当然のごとく戸惑う。すぐさま紳士が助太刀をする。

「サゼラックを。ウイスキーで」

このようにオーダーしたのは、1936年ごろにはまだブランデー・ベースのサゼラックがあっ

たということなのだろう。

そして男がベンジャミンに顔を向ける。

「酒でいいかな？」

若い老人のベンジャミンが頷き、感慨深くポツリとひと言。

「初体験の夜だな……」

茶色っぽいカクテルの入った大きめのリキュール・グラスがふたつテーブルに置かれる。

ベンジャミンがしきりに手を撫でているのを紳士が心配する。

「その手、痛むのかね？」

「変わった形で生まれた老人でして……」

この瞬間、紳士は確証を得た。目の前のお年寄りは自分が捨てた赤ん坊だったと！　つまり男はベンジャミンの父親なのだ。

このあとふたりは乾杯。しかしベンジャミンはむせてしまう。アルコール度数が高いので、はじめて飲む身としては無理もない。

紳士はそれを気にも留めず、出産が原因で妻が亡くなったことを漏らす。もちろん自分が実の父親であることを隠して。

そして2度目の乾杯。

「子どもに!」

それに対して、ベンジャミンはこう言った。

「母親に!」

その紳士がハントという名でボタン工場の経営者であることを明かし、ふたりは別れた。

9年後、第2次世界大戦が終結した1945年にニューオーリンズへ帰って来たベンジャミンがハントと再会し、またも酒場でサゼラックを口にする。

このとき26歳(肉体年齢は54歳)とあって、おいしそうにグラスを傾けていた。

このあとハントがベンジャミンをボタン工場へ連れていき、告白する。

「君は、ぼくの息子なんだ!」

まったく存在がわからなかった、あるいは知りたくもなかった実の父親と再会したときに一献傾けたお酒もサゼラックだった……。

なんともほろ甘いカクテルだが、ベンジャミンと父親のふたりにはどんな味がしたのだろうか。父子を急接近させ、互いに苦い過去を思い知らせるきっかけとなったこのカクテルが、ニューオーリンズの気だるい空気の中で妙に存在感をきわ立たせていた。

映画は、ベンジャミンと幼なじみの娘デイジー（大人になってからケイト・ブランシェット）との愛を軸にしてグイグイと引きずり込んでいく。

若返っていく男と年を取っていく女。一時期は幸せだろうが、そのあとは肉体的、精神的にかけ離れていき、もはや悲劇でしかあり得ない。

彼女との生活の中でサゼラックをなんらかの形で使っていたら、もっとこのカクテルの存在感が出たように思えるのだが……。

そうそう、デンマークの映画『アナザー・ラウンド』（２０２０年）にもサゼラックが出ていた。「血中アルコール濃度を０・０５パーセントに保つと、仕事もプライベートもうまくいく」ノルウェーの哲学者フィン・スコルドゥールが提唱したこの理論を実践した４人の高校教諭の物語だ。

ほろ酔い状態を続ける彼らがだんだん強いアルコールを求め、最後に手を出したのがサゼラックだった。

世界的にも知られる主演マッツ・ミケルセンがガンガン、このカクテルを飲みまくり、ぶっ飛んでいたが、すべて素面で演技していたというからすごい！

ブランデー・ベース

Brandy base

映画作品リスト

〈サイドカー〉『虚栄のかがり火』

1990年／アメリカ／監督：ブライアン・デ・パルマ
出演：トム・ハンクス、ブルース・ウィリス、メラニー・グリフィス、アラン・キング

〈アレキサンダー〉『酒とバラの日々』

1962年／アメリカ／監督：ブレイク・エドワーズ
出演：ジャック・レモン、リー・レミック、ジャック・クラグマン、チャールズ・ビックフォード

サイドカー

SIDECAR

ブランデー・ベースでは一番ポピュラーなカクテル。サイドカーとはオートバイの横に車台を取り付けた三輪車のこと。20世紀初頭、主に軍用車両として大量に製造された。このカクテルの由来も諸説紛々だが、第１次世界大戦（1914〜18年）中、ロンドンの社交クラブ「バックス・クラブ」のバーテンダー、パット・マクギャリーが考案し、パリの「ハリーズ・ニューヨーク・バー」のオーナー、ハリー・マッケルホーンが世に広めたという説が有力らしい。日本には1920年代に伝わってきたようだ。ベースの蒸溜酒を変えるだけで、別のカクテルに生まれ変わる。

標準的なレシピ

ブランデー…1/2　ホワイト・キュラソー〈コアントロー、トリプルセック〉…1/4
レモン・ジュース…1/4
シェイクしてカクテル・グラスに注ぐ。

『虚栄のかがり火』

これぞ極上！ 末期《まつご》の酒

アカデミー賞主演男優賞に2度も輝き、いまやアメリカを代表する演技派俳優トム・ハンクスが、34歳のときに主演を張った社会派ドラマ『虚栄のかがり火』（1990年）。

名匠ブライアン・デ・パルマ監督が巧妙に演出したにもかかわらず、評判も興行成績もいまひとつだったが、改めて見直してみると、人間の欺瞞や虚勢が実にシニカルに描かれており、なかなか捨てがたい作品に思える。

狂言まわし役の新聞記者ピーター・ファロー（ブルース・ウィリス）がとびきりの呑み助ときている。ピューリッツァー賞をもたらした自著の出版記念パーティーへ臨む冒頭シーンからして、ハイボールやマティーニをあおるように飲み、ベロベロ状態。ここまで酔えればたいしたものだ。

全編、こんなふうにお酒のシーンが頻繁に出てくる。そのなかでサイドカーが特異な場面で登場していた。

そのシーンを説明する前に簡単に筋書きを――。

トム・ハンクスが演じる人物は、ウォール街の証券会社に勤務するエリート・トレーダーのシャーマン・マッコイという男。マンハッタンの高級住宅街パーク・アヴェニューで妻子とともに豪勢な家に住み、見るからに幸せそうだ。

ところが艶っぽい人妻マリア（メラニー・グリフィス）と不倫を楽しんでいる。彼女をマイカーのベンツに同乗させ、夜半、ふたりの「愛の巣」に向かう途中、ブロンクスで黒人青年をはね、そのまま逃げてしまう。青年が昏睡状態になったことから、社会性を帯びた大事件として報じられた。それを特報したのが前述の呑み助記者ピーターだった。

市長選に打って出ようと色気満々の地方検事長、地域住民の信望を高めようと企む黒人牧師、特ダネの連発を狙うピーター……。いろんな思惑が絡む中、シャーマンがどんどん翻弄され、絶体絶命のピンチに陥っていく。

実は事故当時、ハンドルを握っていたのは愛人のマリアだったらしい。ひょんなことからその事実を耳にしたピーターがウラ取り取材のため、彼女の初老の夫で、ユダヤ系の大実業家でもあるアーサー・ラスキン（アラン・キング）と接触する。

ピーターは新聞社内では仕事をしない〝ユーレイ記者〟で通っているが、大きな獲物を見つけるとガラリと態度が変わる。ちゃんと記者魂を持っているのだ。

ふたりが会ったのはマンハッタンの高級レストラン。どういうわけか対面ではなく、横並びで坐っている。

「わたしは奥さんの友人です」

ピーターが虚言で切り出すと——。

「あのワイフ……。彼女がいると、わしは酒が飲めないんだ」

ラスキンはどうやら病気を抱えており、ドクターから禁酒のお達しが出ているようだ。でもそんなことお構いなしにウエイターを呼び付ける。

「クルボアジェのVSOPでサイドカーを」

クルボアジェは19世紀はじめ、創業者エマニュエル・クルボアジェが皇帝ナポレオン1世（1769～1821年）に献上したコニャックの逸品。のちのナポレオン3世（1808～52年）の治世下、クルボアジェ社が皇室御用達のブランデー・メーカーになった。

そんな高級品をカクテルのベースにするとは、この御仁がいかにセレブなのかがわかる。庶民感覚だと絶対に飲めない。

黄金色のサイドカーがテーブルに置かれると、ラスキンが目を輝かせる。

「酒は止めているが、止められん」

すかさずピーターが妻の連絡先を訊くも、「秘書に訊いてくれ」とかわされる。しかたなくまたもウソを言う。

「『新時代の富豪』という連載でぜひあなたを取材したいんです」

うまく口車に乗せられ、快諾したラスキンがグビグビとカクテルを飲み、ピーターに顔を向ける。

「君、こんな話、知ってるかね」

そう切り出し、はじめて飛行機に乗ったアラブ人のことをベラベラと大声で話しはじめた。

ラスキンは調子に乗ってサイドカーを何杯もお代わり。そして自分で言ったジョークに大笑いしたかと思うと、いきなりノドを詰まらせ、そのまま昇天した。

あまりにも呆気なかった。サイドカーのグラスを手前に、向こうにぐったりした顔をアップで捉えたシーンは絶妙だった。

ピーターにとってこの取材は失敗だったが、ラスキンの葬儀を機にドラマが劇的に動いていく。

言わば、サイドカーが物語のトリガー（引き金）になったのだ。

それにしても、末期の酒がこんな極上のサイドカーならさぞかし本望だろう。

アレキサンダー

ALEXANDER

クリーミーでまろやかなので、女性向きの甘いショート・カクテルの代表格と言える。1901年のイギリス国王エドワード7世（1871～1910年）の即位式か、アレクサンドラ王妃（1844～1925年）の戴冠式に献上されたとする説が有力らしい。当初は「アレクサンドラ」と女性名だったが、いつしか「アレキサンダー」と男性名に変わった。アメリカではジン・ベースが主流だった。それがここで紹介する映画『酒とバラの日々』（1962年）でブランデー・アレキサンダーが一気に広まったという。日本には戦前の1930年代にブランデー・ベースのほうが伝わった。

標準的なレシピ

ブランデー…1/2　クレーム・ド・カカオ…1/4　生クリーム…1/4
それをシェイクし、カクテル・グラスに。好みでナツメグ・パウダーを添える。

『酒とバラの日々』

危うい世界へと誘《いざな》う〈特製チョコレート〉

「酒とバラの日々」……。

あゝ、なんと美しいタイトルなのだ。冒頭に流れるヘンリー・マンシーニ（1924〜94年）が作った甘美なテーマ曲はその後、ジャズのスタンダードとして定着した。バーでこの音楽に包まれると、カクテルが妙においしく感じられるから不思議だ。

こうした優雅なイメージとは裏腹に、映画『酒とバラの日々』（62年）の内容はかなりシリアス。それは、ビリー・ワイルダー監督が手がけた『失われた週末』（45年）と同様、アルコール依存症の怖さを啓発するために製作された映画だから。

実際、アルコール依存症患者の自助グループ「AA（アルコホーリクス・アノニマス）」の全面協力を得たと言われている。アメリカでは、酒害がいかに大きな社会問題になっているかがうかがえる。

お酒は精神をリラックスさせ、人とのコミュニケーションを潤滑にする素晴らしい効用があるのに、度が過ぎるとひどい目に遭う。なんでも中庸がちょうどいい。歯止めが利かなくなると、人生を棒に振ってしまう。

そのことを強調するため、『ティファニーで朝食を』(61年)や『ピンク・パンサー』シリーズ1~5作(63~83年)で知られる名匠ブレイク・エドワーズ監督(1922~2010年)が、リアル感を強調させるためにあえてモノクロ映像で映画化した。

映画は、サンフランシスコを舞台にした一組の夫婦の転落劇——。

いきなりバーのシーンが映る。宣伝会社のやり手営業マン、ジョー・クレー(ジャック・レモン)がウイスキーを何杯もお代わりしながら同僚と仕事の話をしたり、得意先に電話をかけたりしている。この場面だけを観ても、この男がかなりの酒呑みであるのが一目瞭然だ。

そんなジョーが将来、妻となるノルウェー系の美女カーステン(リー・レミック)と初デートをする。彼女はジョーと取引きのある会社の社長秘書で、いつも本ばかり読んでいるおとなしい女性だ。

ふたりは街中のレストランで会話を弾ませるも、彼女は1滴もお酒が飲めない。それがジョーに

は物足りない。

「なぜ飲まないの？」

「飲んでどうなるの？」

「気持ちがよくなるよ」

「別に飲まなくても気持ちいいわ」

カーステンはお酒と縁遠いのがよくわかる。こうなると、ますます飲ませたくなる。そこでジョーが変化球を投げる。

「好物は？」

「チョコレート、死ぬほど好きよ」

前段にチョコレートをかじっている彼女の姿が映されていた。ジョーは「やったー！」という表情。

「ちょっと、待って……」

そう言ってバー・カウンターへ向かい、なにやらオーダーした。しばらくしてショート・カクテルが彼女の前に置かれた。

「特製のチョコレートだ」

カーステンが恐る恐るひと口すると、目を輝かせた。

「おいしいわ、すっごく!」

ジョーはしたり顔。

「これ、ブランデー・アレキサンダーだよ」

「ステキ!」

ここで「ブランデー」と断っているのが興味深い。当時、アメリカではやはりジン・ベースが飲まれていたからだろう。映画はきちんと世相を記録してくれるからありがたい。

このカクテルはとろけるくらいに甘美。しかもカカオがたっぷり入っているので、アルコール飲料とはいえ、チョコ好きの彼女にはまったく抵抗がない。きっとお酒とは思えなかったに違いない。

しかし、この1杯から想定外の事態がはじまり、坂道を転がり落ちていく……。

レストランを出たふたりは波止場まで散歩し、仕事のこと、家族のことを話し合う。なんともいい雰囲気。ラヴ・ロマンスの典型的な光景だ。

ジョーはまだ飲み足らず、ウイスキーのハーフ・ボトルを手にしたまま。やがて空っぽになったボトルをポトンと眼下の海に落とした。

「なんじ、海に沈めん」

それを見て、カーステンがイギリスの詩人アーネスト・ドーソン（1867〜1900年）の詩の一節を口に出した。ふつうは出てこない。さすが愛読家だ。

「はかなきは酒とバラの日々　ふたりの道は霧のなかより出でて　夢のうちに消えん」

それは奇しくもジョーとカーステンの前途を暗示する内容だった。

ゆめゆめお酒はほどほどに〜。

シェイク 2

「ラスティ・ネイル」と称する殺人鬼

スコッチ・ウイスキーにウイスキー・リキュールのドランブイを加え、ロックでいただく「ラスティ・ネイル」。直訳すれば、「錆びたクギ」――。

このカクテルの名を持つ恐ろしい人物が、アメリカのサスペンス映画『ロード・キラー』（2001 年）に登場していた。中古車でアメリカ大陸を横断中の若い兄弟が、ＣＢ無線で「ラスティ・ネイル」と名乗るトラクターの運転手をからかい、笑い者にしたことから、逆に命を狙われるハメに。それも、けた外れの執念深さですさまじい復讐劇が繰り広げられる。

劇中、この男の顔が一度も映らず、それがかえって不気味さと恐怖をあおっていた。スティーヴン・スピルバーグ監督のテレビ映画『激突！』（1971 年）の 21 世紀版とも言える作品だ。

この運転手が大のラスティ・ネイル好きと思いきや、このカクテルがまったく登場しない。大写しされた手と爪が汚れていたので、「ラスティ・ネイル」と称したのかもしれない。いや、心が錆びていたのか……。

ジン・ベース

Gin base

映画作品リスト

〈ギムレット〉『ザ・マジックアワー』

2008年／日本／監督：三谷幸喜

出演：佐藤浩市、妻夫木聡、深津絵里、綾瀬はるか、西田敏行

〈ギブソン〉『ザ・インターネット』

1995年／アメリカ／監督：アーウィン・ウィンクラー

出演：サンドラ・ブロック、ジェレミー・ノーサム、デニス・ミラー、
ダイアン・ベイカー

〈ジン・トニック〉『張り込みプラス』

1993年／アメリカ／監督：ジョン・バダム

出演：リチャード・ドレイファス、エミリオ・エステヴェス、ロージー・オドネル、
キャシー・モリアーティ

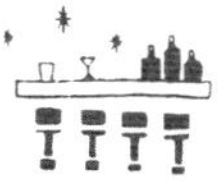

ギムレット

GIMLET

ジン・ベースでもっともよく知られたショート・カクテル。名前の由来は、19世紀末、イギリス海軍の軍医トーマス・ギムレット卿が酒の飲み方を知らない新米将校のために考案したという説が有力。また、ギムレットには工具の「錐（きり）」の意味があり、鋭い味わいからそう名付けられたという説もある。1910年代には欧米の都会で飲まれていたようで、日本では50年代以降に普及した。

標準的なレシピ

ドライ・ジン…3/4　ライム・ジュース…1/4
シロップ（1ティー・スプーン=5mℓ程度）
これをシェイクするだけ。シンプルな味わいが醍醐味。

『ザ・マジックアワー』

ハード・ボイルドには欠かせない

ギムレットを世に知らしめたのが、探偵フィリップ・マーロウを主人公にしたアメリカ人作家レイモンド・チャンドラー（1888〜1959年）のハード・ボイルド小説『長いお別れ』（1953年発刊）。

その中でこのカクテルに関するセリフがあれこれと出てくる。一番有名なのが終盤のこの言葉。

「ギムレットには、まだ早すぎるね」

マーロウのセリフと思っている人が多いが、実は物語のキーパーソンともいえる、ギムレット好きの友人テリー・ノックスが呟いた言葉だ。

この人物、酒にうるさくて、こんなセリフも吐いている。

「ほんとうのギムレットは、ジンとローズ社のライム・ジュースを半分ずつ、ほかにはなにも入れないんだ。マティーニなんかとても敵わないよ」

マティーニを超えるカクテルと言い切っているところがすごい。

日本ではしかし、生のライム・ジュースを使っている店がほとんど。なぜなら、ローズ社のものが正式に輸入されていないから。欧米でも「クラシック・スタイルのギムレットを！」と注文されない限り、現在ではライム・ジュースが使われている。

ちなみに、イギリスで創設され、その後、アメリカへ拠点を移したローズ社は現在、巨大な飲料メーカー「ドクターペッパー・スナップル・グループ」（本社・テキサス）に譲渡され、ブランド名だけが残っている。

鬼才ロバート・アルトマン監督がこの小説を映画化した『ロング・グッドバイ』（1973年）には、残念ながらギムレットが出てこない。

ともあれ、ハード・ボイルドの世界にはギムレットがよく似合う。それを意識してか、劇作家、脚本家、監督など多彩な才能を見せる三谷幸喜が自らメガホンを取ったコメディー映画『ザ・マジックアワー』（2008年）でほんのワンシーンだが、このカクテルをこれ見よがしに登場させている。

禁酒法時代のアメリカのようなレトロな港町、守加護（すかご＝シカゴのダジャレ）。そこを仕切るギャングのボス（西田敏行）の愛人、高千穂マリ（深津絵里）に部下の備後登（妻夫木聡）が手を出したことが発覚する。

5日以内に幻の殺し屋と言われるデラ富樫を連れて来ることを条件になんとか命拾いした備後が、売れない三流俳優の村田大樹（佐藤浩市）にでっち上げのハード・ボイルド映画『さすらいのデラ富樫』の主演話を持ちかけ、自ら監督と称してその殺し屋を演じさせる。初主演映画とあって体当たりで熱演する村田を、演技とは知らないボスが大いに気に入り、ファミリーの一員に入れる。

なんとも奇天烈な、絶対にあり得ない夢物語だが、そこは〈三谷ワールド〉、全編、お笑いで通してしまう。

主演映画の撮影と思って大張り切りの村田、その村田をデラ富樫と信じ切っているギャングのボス、ウソがバレないかとヒヤヒヤする備後とマリ、疑心暗鬼な村田のマネージャー（小日向文世）……。各人の思いが交錯し、予期せぬ展開が繰り広げられる。

さて、ギムレットが登場するシーン――。

ひと仕事を終えた村田が宿泊しているＭＩＮＡＴＯ　ＨＯＴＥＬの2階から降りてきて、フロントで本を読んでいる女主人のマダム蘭子（戸田恵子）に声をかける。

「ギムレットをひとつ」

映画の主人公になったつもりで、さりげなくカッコを付けて注文する仕草が妙にサマになっていた。ここはやはりギムレットしか考えられない。

マダムが邪魔臭そうに奥の部屋に入っていくと、村田がフロアのテーブルに坐っているマリに近づき、話しかける。彼女も映画の共演者としてひと役買っているのだ。

「ちゃんと挨拶できなかったね」

そして自己紹介し、演技と映画に対する想いをあれこれと熱っぽく語り出す。

「芝居なんてもんは、うまくやろうと思わないほうがいいんだ。ありのままの自分を見せる」

「映画の現場にはあらゆる人間がいて、そいつらがおなじ目標に向かって、力を合わせ、知恵を出し合って、おなじ弁当を食う。オレは映画というより、映画の現場が大好きなんだ」

素性を知られたくないマリは困惑顔になり、早くその場から逃げたくてしかたがない。たまりかねて退散すると、そこへどういうわけか黒いドレスに衣替えしたマダムがロック・グラスに入ったギムレットを持ってくる。この間の抜けたところがなんともおかしい。

でも、ロック・グラスではなく、やはりカクテル・グラスを使い、それを手にして村田に語らせてほしかった。

もっと欲を言えば、何度も映るクラブ「赤い靴」のバー・カウンターでも、このカクテルを飲んでほしかった。

なぜなら……、佐藤浩市とギムレットがぴったりマッチングしていたから。

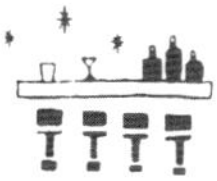

ギブソン

GIBSON

限りなくジン・ベースのマティーニに近いカクテル。禁酒法時代の前、サンフランシスコのビジネスマン、ウォルター・ギブソンが当地の会員制クラブで考案したとか、銀行家のギブソンが顧客とマティーニを楽しんだとき、素面でいられるようにと、「水にパール・オニオンを入れてくれ」と頼んだとか、誕生の謂れがいろいろある。日本には1920年代に紹介された。

標準的なレシピ

ドライ・ジン…5/6　ドライ・ベルモット…1/6
ステアし、カクテル・グラスに注いでから、カクテル・オニオン（パール・オニオンの酢漬け）を添える。このオニオンが日本ではあまり出まわっておらず、バーで提供するところが少ない。

『ザ・インターネット』

事件を呼び込む危険なカクテル

ギブソンが出てくる映画と言えば、このアメリカ映画しか思い付かない。

ネット犯罪を描いたサスペンス・スリラー『ザ・インターネット』（1995年）。デジタル化が一気に普及しはじめた頃の物語だが、いまでも十分、通用する内容だ。

サンドラ・ブロック扮するアンジェラはコンピューターのソフトやシステムを修復する情報処理の専門家で、西海岸サンタモニカでテレワークに励んでいる。この独身のキャリア・ウーマンが口にするのがギブソンばかり。シブイ！

マティーニのオリーヴの実とは異なり、「小タマネギ」や「ベビー・タマネギ」と呼ばれるパール・オニオンのさっぱり感がこのカクテルの最大の持ち味。彼女はそこにハマったのかもしれない。

日本人なら、ラッキョウの触感と味によく似ていると思うだろう。

女性でこのカクテルを好む人はきわめて珍しい。ぼくのまわりでは見かけない。バーでギブソンのグラスを傾けている女性を目にしたら、ゾクッとするに違いない。

アンジェラは仕事を一段落させ、ピザを注文したとき、マティーニらしいお酒の入ったビンを冷蔵庫から取り出してグラスに注ぎ、そこにパール・オニオンを2つ入れていた。

言わば即席のギブソンだ。あまりにもスムーズな動きなので、習慣付けられているのだろう。

そんな彼女が6年ぶりの休暇を取り、「カリブ海の楽園」と呼ばれるメキシコのコスメル島へ向かった。

ホテルのプライベート・ビーチでパソコンをいじっていると、隣のビーチ・チェアでくつろいでいるイケメン男（ジェレミー・ノーサム）がボーイにギブソンをオーダーした。しかしこの辺りではギブソンの知名度が低いらしく、ボーイはキョトンとしている。

「マティーニにパール・オニオンを入れるんだ」

その言葉に反応したアンジェラがパソコンの手を止めた。

「わたしにもおなじものを」

ジャックというその男が興味深く訊く。

「古いカクテルだよ」

「ええ、わたし、意外にファッショナブルなの」

この短い会話でふたりは意気投合。テーブル席へ移り、ジャックがパール・オニオンのカクテル・ピンを触りながら、なぜか映画『ティファニーで朝食を』（61年）の話を持ち出した。それを彼女が目を潤ませて聞き入っている。

こうしてギブソンを介してふたりが急接近する。夜のレストランでも、ともにこのカクテルを口にして仲良くツーショット。

ここまで来ると、ギブソンが愛を育む素敵な小道具、そんなふうに思ってしまう。まさに魅惑の「シネマ・カクテル」にうってつけのシーンだ。

ところがこのジャックという男、実は超クセ者。いやいや、女性をナンパする単なるプレーボーイではない。アンジェラの元に送られてきた怪しいデータ入りのフロッピーディスクを盗もうと近づいてきたのだ。

どうやら、裏の世界に通じている人物らしい。そのデータとは、彼女の身だけでなく、国家を揺るがせるスキャンダラスな内容だった。それにしても、いまや使うことのないフロッピーディスクというのが懐かしすぎる。

アンジェラが無類のギブソン好きであることをジャックが事前に把握しており、だからこそギブソンを利用したのだ。

すでに情報操作によってアンジェラという人物がこの世に存在せず、犯罪歴の多い架空の女性に変えられていた。カードが使えず、知らぬ間に自宅も売りに出されている。

あゝ、怖い、怖い。

本性を表したジャックに命を狙われるアンジェラ。逃げて、逃げて、逃げまくる。そして知人の精神科医アラン（デニス・ミラー）にヘルプを求める。

ホテルに身を隠すふたり。アランが冷蔵庫からジン（あるいはでき合いのマティーニ？）のミニ・ボトルを取り出した。

「さぁ、ギブソンの時間だ。パール・オニオンの代わりに精神安定剤を。ぼくの特製だよ」

優しさに溢れる対応だが、極度の緊張状態にあるアンジェラは薬だとわかっていても、お酒が受け付けられない。

「いまは飲まないわ」

このあと、さらにアンジェラは追い詰められ、絶体絶命のピンチに！　しかし最後にはきちんと落とし前を付けるのだ。ハリウッド映画はやはりこうでないといけない。

何度も危険に直面するのはさておき、ギブソン好きの女性はカッコいい‼

そう思い知らされた映画だった。

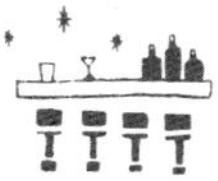

ジン・トニック

GIN & TONIC

万人に受けるポピュラーなロング・カクテル、それがジン・トニックだ。バーで一番多く提供されるカクテルかもしれない。19世紀初頭、インド駐留のイギリス軍兵士をマラリアから守るために考案された保健飲料が元になったと言われている。トニック・ウォーターとは、ソーダに香草類や柑橘類のエキス、糖分を加えた清涼飲料水のこと。どんな蒸溜酒でもトニック・ウォーターを加えれば、飲みやすいカクテルができる。冷やすほどにうまくなる。

標準的なレシピ

氷の入ったタンブラーに、生のライムかレモンを絞って入れ、ドライ・ジン（45㎖）と適量のトニック・ウォーターを注ぎ、ステア。

『張り込みプラス』

超濃厚ジン・トニックで仕返し

お酒を巧みに使って笑わせるのは、映画では常套手段のひとつだが、ジン・トニックが意外なお笑いの小道具として登場していた作品がある。

それはアメリカ映画『張り込みプラス』（1993年）――。

リチャード・ドレイファスとエミリオ・エステヴェスが、シアトル市警の迷刑事コンビに扮した『張り込み』（87年）の第2弾で、コミカル風味の映画では定評のあるジョン・バダム監督が小粋な犯罪コメディーに仕上げた。

シカゴで起きたギャング絡みの重大事件の有力証人が失踪し、クリス（ドレイファス）とビル（エステヴェス）が女性検事補ジーナ（ロージー・オドネル）の指揮下、証人の友人であるオハラ夫婦（デニス・ファリーナ、マーシャ・ストラスマン）

が暮らす別荘地へ向かった。

そこはセレブの別荘が建ち並ぶベインブリッジ島。彼ら3人は、知り合いの裁判官が所有する邸宅に入り、隣のオハラ夫婦を張り込むことになった。

怪しまれないよう、クリスとジーナが夫婦、童顔のビルがクリスの先妻とのあいだに生まれた息子という家族に成りすます。しかしなにかと上目線できつく指示する女性検事補をふたりの刑事が煙たがり、ぶつかり合ってばかり。張り込みにはチームワークが大切なのに、不協和音が充満している。

そんな中、ひょんなことからオハラ夫婦を夕食へ招くことになった。そこでジン・トニックが登場する。

〝世帯主〟のクリスが来客にお酒を訊くと、オハラ氏と妻がこうオーダーする。

「スコッチの水割りを」

「わたしはウォッカで」

そしてクリスの〝妻〟ジーナが笑顔で、

「いつものよ」

キッチンに下がったクリスが、スコッチ・ブレンデッド・ウイスキーのJ&Bの水割りとウォッカのスミノフの水割りを作ったあと、首を傾げる。

「いつものってなんだっけ?」

極秘メモを取り出すや、頷いた。

「そうか、ジン・トニックか!」

クリスがにんまり笑い、ドライ・ジンのビーフィーターのボトルを手に取る。

「ジーーーン」

まずは思いっきり長く伸ばすように口に出しながら、かなりの量のジンをロック・グラスに注ぐ。このあとトニック・ウォーターを手にし、「トニック!」と超早口で言って1滴だけ垂らした。これは限りなくジンのストレートに近い。クリスがいたずら小僧のごとくウキウキしている。

そして応接間にお酒を運んで行く。

「ジンは、ジンナに」

くだらないダジャレを言うクリスからグラスを受け取った彼女が、くだんのジン・トニックを口にした途端、あまりの濃厚さに吹き出した。彼女はそれほどお酒に強くないのだ。

〈ざまあみろ〉

これで日頃のうっ憤を晴らせたとしたり顔のクリス。

それにしても、超濃厚ジン・トニックで仕返しとは恐れ入る。

「作り直そうか」

わざと慇懃無礼に言うと、ジーナが睨み付ける。

「もう結構よ」

このシークエンス、理屈抜きにおもしろかった。

でも、実際にこんないたずらをすると、一生、嫌われるハメになりそうなので、映画を観て笑うだけで留めておきたい。

物語はこのあと大きく動き、手に汗を握るスリリングなシーンとアクションが用意されている。

そして最後はめでたし、めでたしのハッピーエンド。

ジン・トニックと言えば、強烈な変形バージョンが、ベルギー映画『ありふれた事件』（92年）に出ていた。

この映画、人を平気で殺し続ける狂気の青年ベン（ブノワ・ポールゴールド）をビデオの撮影クルーが密着取材する様子をドキュメンタリー風に描いた問題作だ。きわめて歪《いびつ》な内容なので、おススメはしないが、特製ジン・トニックの映るシーンだけを紹介しよう。

その名も「グレゴリー坊や」――。

酒場に入ったベンが、ロング・グラスを前に豪語する。

「ダイナマイト級だ。だいぶ強いからな」

そんな前置きを言って、実際に作ってみせる。

「まずはジンを少々、トニック・ウォーターを多めに。そこに小さなオリーヴの実と角砂糖をヒモで縛り付ける。そのオリーヴがグレゴリー坊やだ」

『張り込みプラス』のジン・トニックとは真逆で、これだとちっともきつくない。なにがダイナマイト級だ。こヤツ、アルコールに弱いのだ。

「さぁ、ここで問題。子どもを沈めるために体重の何倍の重しが必要だ？　２倍だ。そのグレゴリー坊やを沈めて、砂糖が溶け出し、オリーヴが最初に浮かんできたヤツが負けで、次のドリンク代を払う。ヒモは食うなよ」

こんな調子で、クルーを入れて４人で〈賭け飲み〉をはじめる。

まぁ、たわいもないお遊びとしては楽しいかもしれないが、砂糖が入っている分、かなり甘めの薄いジン・トニック。ぼくには物足りないし、おぞましいので、やはり飲む気がしない。

で、勝負の結果は殺人鬼の完敗。ハハハ、おもしろい。ざまあみろ！

ウォッカ・ベース

Vodka base

映画作品リスト

〈スクリュー・ドライヴァー〉『ボディガード』

1992年／アメリカ／監督：ミック・ジャクソン

出演：ケヴィン・コスナー、ホイットニー・ヒューストン、ビル・コップス、トーマス・アラナ

〈ブラディー・メアリー〉『夕べの星』

1996年／アメリカ／監督：ロバート・ハーリング

出演：シャーリー・マクレーン、ビル・パクストン、ミランダ・リチャードソン、
ジュリエット・ルイス

〈ソルティ・ドッグ〉『身も心も』

1997年／日本／監督：荒井晴彦

出演：柄本明、永島暎子、奥田瑛二、かたせ梨乃

〈ホワイト・ルシアン〉『ビッグ・リボウスキ』

1998年／アメリカ／監督：ジョエル&イーサン・コーエン

出演：ジェフ・ブリッジス、ジョン・グッドマン、ジュリアン・ムーア、
スティーヴ・ブシェミ

〈雪国〉『YUKIGUNI』

＊ドキュメンタリー映画

2018年／日本／監督：渡辺智史

出演：井山計一、桐竹紋臣、成田一徹、荒川英二

スクリュー・ドライヴァー

SCREW DRIVER

ジュース感覚で味わえる、口当たりのいいロング・カクテル。アルコール度数が高いので、女性を酔わせるためのカクテルとして、かつて「レディー・キラー」とも呼ばれていた。第2次世界大戦後、イランかサウジアラビアの油田で働いていたアメリカ人作業員が、工具のネジまわし（スクリュー・ドライヴァー）でウォッカとオレンジ・ジュースを混ぜて飲んでいたので、この名が付いたと言われている。日本には1950年代に伝わり、60年代半ばからバーの定番カクテルになった。

標準的なレシピ

氷を入れたタンブラーにウォッカ（45㎖）、オレンジ・ジュース（適量）を注ぎ、ステア。

『ボディガード』

オレンジ・ジュース好きにはうってつけ！

稀代の歌姫と言われ、48歳で突然死した黒人女性歌手ホイットニー・ヒューストン（1963〜2012年）の初主演作『ボディガード』（92年）は、彼女が熱唱する主題歌『オールウェイズ・ラヴ・ユー』とともに大ヒットした。

当時、飛ぶ鳥を落とす勢いのケヴィン・コスナーとの共演もピッタリ息が合い、質の高いロマンティック・サスペンスに仕上がっていた。

ヒューストンが演じるレイチェルは超売れっ子のシンガー。ハリウッドの高級住宅地ビヴァリーヒルズにある豪邸でリッチな暮らしを送っている彼女の元に脅迫状が次々と舞い込み、コスナー扮する元シークレット・サービスのフランクが身辺警護に雇われる。

この男、生真面目で質実剛健、それに非常に責任感が強い。1981年に起きたロナルド・レーガン元大統領の暗殺未遂事件時、母親の葬儀で現場に居合わせていなかったことに罪悪感を覚えて職を辞したというから、並みのプロ意識ではない。黒澤明監督（1910~98年）の『用心棒』（61年）を62回も観たというフランクのお気に入りのドリンク、それがなんとオレンジ・ジュースなのだ。堅物なキャラと合わないところがなんともおかしい。

そんなフランクがはじめて豪邸でレイチェルと会ったとき、彼女から飲み物を勧められ、反射的にこう言った。

「オレンジ・ジュースを」

それも真顔で言ったものだから、彼女にからかわれていた。

「ストレートで?」

このあと仕事柄、飲酒を控えているのだが、オフのときにもオレンジ・ジュースばかり。よほど柑橘系が好きなのか、それともアルコールが苦手なのか……。

そう思っていたら、レイチェルのマネージャーを務める姉ニッキー（ミシェル・ラマー・リチャーズ）が何者かに射殺されたあと、夜半、照明を消した薄暗い自室で、いつもと異なる行動パターンを取った。このときも現場に居合わせていなかったのだ。

オレンジ・ジュースが4分の1ほど入っている大きめのグラスに、ウォッカ（ロシア産のストリチナヤ）をドバドバと荒っぽく注いだ。

オレンジ・ジュースならぬ、正真正銘のスクリュー・ドライヴァー！

そしてソファに深く身を沈め、物思いに耽りながら、そのカクテルをノドに流し込んでいた。

〈肝心なときにそこにいなかった……〉

今回もその想いが湧き出てきて、居たたまれなくなっていたのだろう。

さすがにこういう心理状態では、ふつうのオレンジ・ジュースでは気持ちを抑えられない。本来ならウイスキー、それも個性の強いアイラ産のシングルモルトが合いそうな状況なのだが、この男はオレンジ・ジュース派なのだから、致し方ない。

静謐な空間の中で、ウォッカのボトルの傍らに置かれたスクリュー・ドライヴァーの入ったグラスが妙にきわ立つ。フランクの背後から捉えたシルエットの映像に、男の苦悶がにじみ出ていた。これはグッと見入らせるワンシーン！

ガードマンが沈思しながら口にしていたスクリュー・ドライヴァーとは一転、野獣のようにこのカクテルをあおっていた男がいる。

アメリカ映画『リービング・ラスベガス』(95年) のニコラス・ケイジ扮するベン。死ぬためにアルコールを飲み続けるという強烈なキャラクターだった。

テキーラ好きの恋人サラ (エリザベス・シュー) の部屋で、ベンがテネシー・ウイスキーのジャック・ダニエルをボトルごとがぶ呑みし、それを空にした。

間髪空けず、冷蔵庫を開け、ウォッカのボトルとオレンジ・ジュースの特大プラスティック・ボトルを出す。震える手でウォッカをすべてジュースのボトルに注ぎ、そのままグビリグビリと飲み干していったのだ。

確かにスクリュー・ドライヴァーに違いないが、呑み方がすさまじすぎる！

冷蔵庫の中にあったウォッカとオレンジ・ジュースを即座にミックスしたのだから、まだ頭は冷静だったのかもしれない。でも、これはいただけない。観ていて辛すぎる。

スクリュー・ドライヴァーの醍醐味……。それは、ノドの渇きを覚えたときに口に含むと、オレンジ・ジュースの香りが五臓六腑に染みわたり、得も言われぬ爽快感を楽しめること。

まともに味わいましょう。

ブラディー・メアリー

BLOODY MARY

ブラディーは「血まみれ」という意味で、赤いトマト・ジュースをそれに見立てている。カクテル名は16世紀半ば、プロテスタントを迫害したカトリック教徒のイングランド女王メアリー・チューダー（1516〜58年）に由来すると言われてきた。しかし近年、1920年代はじめ、パリの「ハリーズ・ニューヨーク・バー」で、このカクテルを愛飲していたメアリーという女性常連客にちなんで名付けられた説が有力となっている。

標準的なレシピ。

氷の入ったタンブラーにウォッカ（45㎖）、トマト・ジュース（適量）、レモン・ジュース（2〜3㎖）を注ぎ、好みでウスター・ソース、タバスコ、黒胡椒などを少し加えてステア。そしてカット・レモンをグラスの縁に飾り、セロリを添える。

『夕べの星』
修羅場向きのカクテル？

アメリカ・テキサス州のヒューストンを舞台に、シニカルで勝気なシングル・マザーのオーロラ（シャーリー・マクレーン）とひとり娘エマ（デブラ・ウィンガー）との30数年間の営みをユーモラスに、ときにはシリアスに綴った『愛と追憶の日々』（1983年）。当時、話題になったこの映画、アカデミー賞の作品賞、監督賞（ジェームズ・L・ブルックス）、主演女優賞（マクレーン）など5部門を受賞した家族ドラマの秀作だ。

続編の『夕べの星』（96年）では、若くして天国へ旅立ったエマの3人の子たちを懸命に育てるオーロラおばあちゃんの姿が描かれている。

お酒とは無縁であろうと思われるこの映画に、なんとブラディー・メアリーが〝大役〟で出演していた。

孫たちが思い通りに育たず、精神的に参っていたオーロラが、イケメンの心理士ジェリー（ビル・パクストン）のカウンセリングを受けるうち、どんどん気分が晴れてくる。同時に恋心も芽生えはじめ、ついにはベッド・イン。わが子とおなじくらいの年齢の恋人。まさに若いツバメだ。さすがにバツが悪そうだが、彼女はジェリーにもう首ったけ。

ところがこの男が浮気をしているのをオーロラが知った。相手は、あろうことか亡きエマの親友だった大金持ちのパッツィ（ミランダ・リチャードソン）。

なにかと孫たちを甘やかし、鬱陶しく思っている女性とあって、はらわたが煮え繰り返っている。

この際、とことん糾弾してやるとばかり策略を練る。

さぁ、ここからだ――。

瀟洒なレストラン。オーロラから呼ばれ、真っ赤なドレスに身を包んだパッツィがテーブル席に坐っている。少し遅れて真っ黒なドレス姿のオーロラがやって来る。まったく対照的なふたり。

「お誘い、ありがとう」

パッツィが声をかけると、オーロラが愛想よく笑顔を浮かべる。

「暑いわ、アイスティーをもらうわ。あなたは」

なんとなくヤバイ状況を察知したパッツィが、少し考えてから給仕にオーダーした。

「濃いブラディー・メアリーを」

もはやアルコールを体に入れないと太刀打ちできないと思ったのだろう。

そこへ、オーロラに誘われていたジェリーが姿を現す。まさかパッツィが同席しているとは夢にも思わず、彼女を見た途端、うろたえる。

一方、パッツィは腹を据え、テーブルに運ばれてきたブラディー・メアリーをジェリーに手渡す。グラスに添えられたセロリがやけに目立つ。

「これが必要よ!」

これから血祭りに上げられるのだから、覚悟しなさいよと言わんばかりの暗示だった。

この場面、ほかのカクテルでは絶対に代用できない。ブラディー・メアリーならではの特性を活かした、実に巧《うま》いお酒の使い方だった。

案の定、オーロラがふたりに鋭い眼差しを向け、修羅場となる。

「で、あんたらいつからファックしてるの?」

もうひとつ、ブラディー・メアリーで忘れられない映画がある。

友達から恋人になって結婚する男女を描いたラヴ・コメディー映画『恋人たちの予感』(89年)。カクテル自体は登場しないが、メグ・ライアン扮する女性新聞記者サリーが飛行機内で客室乗務員

（CA）に言ったオーダーが秀逸だった。彼女はなにかと注文にこだわるタチなのだ。「ブラディー・メアリーを。ちょっと待って、こんなレシピでお願いします。トマト・ジュースを4分の3。そこにブラディー・メアリー・ミックスを少々。ライムを添えてね」

ブラディー・メアリー・ミックスとは、このカクテルの缶詰。彼女のレシピだと、限りなくトマト・ジュースに近い。まぁ、仕事で出張中なので、それが妥当かもしれない。

それにしても、機内でこんなオーダーを言ってのける人がいたら、拍手を送りたい。

日本未公開だが、メキシコ＝アメリカ合作映画『ブラッディ・マリー／邪悪なカクテル』（75年）という作品がある。主人公のマリーが吸血鬼というホラー映画なので、こんなタイトルが付けられた。ほかにもズバリ、『ブラッディ・マリー』（2006年）というアメリカのサスペンス・ホラー映画もあった。

このネーミングはやはり、おどろおどろしい世界になってしまうようだ。

「BLOODY MARY」の日本語表記は、「ブラディー・メアリー」、「ブラッディ・マリー」、「ブラッディー・マリー」とさまざま。「Mary」が「メアリー」か「マリー」に訳されるので、よけいにややこしい。

なにはともあれ、健康志向のロング・カクテル、ブラディ・メアリーは永遠に不滅なり。

ソルティ・ドッグ

SALTY DOG

爽やかさが持ち味だ。「ソルティ・ドッグ」とは「イギリス海軍の甲板員」を意味するスラングで、潮気を帯びている姿からそう名付けられた。当初（1940年代）はジン・ベースだったが、1970年代後半、アメリカで消費量の多いウォッカが使われるようになった。スノー・スタイルはアメリカ西海岸で誕生したと言われている。日本へは沖縄駐留のアメリカ兵によって60年代に伝わり、夏の代表的なカクテルとなった。

標準的なレシピ

ウォッカ（45㎖）にグレープフルーツ・ジュース（適量）を加えてシェイク、あるいはロック・グラスのなかでステアする。塩をグラスの縁に付けるスノー・スタイルが特徴。

『身も心も』
過去へ引きずり込む妖酒

1960年代後半、ヘルメットを被ったゲバ学生が大学をバリケード封鎖していた全共闘運動。全国各地に吹き荒れたあのムーブメントがいまや遠い昔の出来事に感じられ、あの狂騒はいったいなんだったのかと思ってしまう。しかし全共闘世代の人たちにとっては、忘れがたい青春時代だったのだろう。

脚本家、荒井晴彦がはじめてメガホンを取った『身も心も』(1997年)は、30年経ってもあの頃を引きずっている4人の男女の心模様をあぶり出した人間ドラマだ。原作は、東大全共闘の活動家だった小説家、鈴木貞美の同名小説。

名湯で知られる九州・大分の湯布院。大学時代の友人夫婦、良介(奥田瑛二)と綾(かたせ梨乃)がニューヨークへ旅立ったあとの一軒家で、売れないシナリオ・ライターの善彦（柄本明）が留守番がてら、辞典の校正作業に取り組んでいる。そこに綾の大学時代の友人、麗子（永島暎子）が東京からやって来る。彼女はチラシや雑誌のレイアウトをしており、年下の恋人から求婚されていた。

善彦と麗子はほとんど初対面。丸テーブルを挟んで向き合うふたりの話題は、共通の知り合いである良介と綾のことばかり。

そのときのお酒がソルティ・ドッグだった。グラスの縁に付けられた塩が妙に白っぽく映っていた。

テーブルの上にウォッカのスミノフのボトルが置いてある。てっきりウォッカのロックではないかと思ったのだが、液体が少し濁っており、しかもスノー・スタイルで飲んでいたので、ソルティ・ドッグに違いない。

最初は緊張していたのか、ぎこちなく喋っているふたり。しかしグラスを傾けるにつれ、ほどよく舌がまわりはじめ、学生時代の思い出話がどんどん湧き出てくる。そのうち、とりとめもない会話から、４人の複雑な人間関係が浮き彫りになってくる。

善彦と綾は恋人同士だった。しかし学生運動にのめり込んでいた善彦が警察に捕まり、３年間の服役中、善彦の親友である良介が綾を奪ったことがわかってくる。しかもその良介の恋人が麗子だったのだ。言わば、善彦と麗子はフラれた者同士。わっ、歪な関係……。

「あなたが刑務所へ入ったとき、綾がわたしの部屋に来て、酔っぱらって泣きわめいていたわ。そこへ良介が来て……。綾は3年間、待てなかったのよ」

「もうよそう、昔の話は」

善彦が制するも、麗子がなおも言葉を紡ぐ。

「みな、昔のことを引きずっていると思うわ」

ソルティ・ドッグの塩気がふたりの脳細胞に染みわたる。

酔った麗子が善彦を良介と間違えて話しはじめ、善彦のほうはわざと良介を演じる。本気なのか冗談なのか、その区別がつかなくなり、いつしか奇妙な心理ゲームが展開されていく。

なんともシュールなシークエンス。50歳直前の中年期に差しかかった男女が学生時代の呪縛にもがき苦しんでいる。

そのトリガー（引き金）となったのがソルティ・ドッグだった。

あの頃よく口にしていたカクテルだったのだろう。それは青春を謳歌するお酒ではなく、どちらかと言えば、やるせなく、侘しいお酒。ふたりにはしょっぱさがひときわ身に染みたはずだ。

このあと善彦と麗子は場所を移し、今度はポーランド産ウォッカのズブロッカをストレートでグイグイやりはじめる。やがて意識が混濁し、心も屈折し、知らぬ間にふたりが良介と綾の夫婦に成り切っていく……。

そして数日後、良介とのあいだに亀裂が生じていた綾がニューヨークからひと足早く帰国し、ふたりの前に姿を現す。

終わり切っていない青春。まだ心の傷が癒されておらず、迷っている大人たち……。

そんな彼らの渇いた心象風景をソルティ・ドッグが見事に映し出していた。

本来、このカクテルは真夏に屋外で飲めば、スカッとした気分を味わえるのに、それとは真逆に使われていたのが演出の妙だった。ひょっとしたら、監督（荒井晴彦）の思い出深いお酒だったのかもしれない。

ソルティ・ドッグをちびちびやりながら、たまには過去を振り返ってみるのもいい。そう思わしめる映画だった。

ホワイト・ルシアン

WHITE RUSSIAN

アルコール度数が高いにもかかわらず、非常に飲みやすいカクテルのひとつ。「ルシアン」とはズバリ、ロシア人のこと。ウォッカ・ベースなので、そう名付けられたが、ロシア生まれのカクテルではなく、1940年代後半にベルギーのホテルで考案されたらしい。見た目の白さから、「ホワイト」の名が入った。白系ロシア人をもじったという説もある。日本にはカルーア・コーヒー・リキュールが輸入された60年代から普及した。

標準的なレシピ

氷の入ったロック・グラスにウォッカ（40㎖）とコーヒー・リキュール（20㎖）を注ぎ、軽くステア。そこに生クリームをフロートする。シェイクする場合はカクテル・グラスを使う。

『ビッグ・リボウスキ』

無類の怠け者が愛したスイート・カクテル

『ミラーズ・クロッシング』（1990年）、『バートン・フィンク』（91年）、『ファーゴ』（96年）、『ノーカントリー』（2007年）……。ユダヤ的な匂いを加味させ、独特なテイストの映画を次々と世に放ってきたイーサンとジョエルのコーエン兄弟。

そんな彼らの作品の中で、コミカル風味の『ビッグ・リボウスキ』（98年）はちょっぴり異色作だ。なぜなら、愛飲酒を口にする主人公の姿をやたら多く映し出していたから。

そのお酒がホワイト・ルシアンだった。

アメリカ主導の多国籍軍とイラクとの湾岸戦争がはじまった1991年のロサンゼルス。学生時代に反戦運動に参加していたデュードこと、ジェフリー・リボウスキ（ジェフ・ブリッジス）は定職に就かず、日々、グータラ生活を送っている独身男だ。

いつもよれよれの服を着ており、見た目はヒッピー丸出し。髪の毛だけでなく、口ヒゲとあごヒゲも伸ばし放題で、見るからにむさ苦しい。人呼んで、「ロスを代表する怠け者」。ゆめゆめ近づきたくない人物だ。

そんなデュードが、ある晩、ガウン姿のまま近くのスーパーでコーヒー専用ミルク「ハーフ&ハーフ」の紙パックを手に取り、あろうことか勝手に封を開けて匂いを嗅いでいた。

「ハーフ&ハーフ」とは、ミルクとクリームを半分ずつ配合した商品の銘柄で、ふつうのミルクよりもコクがあり、クリームよりカロリーが低いので、当時、ロサンゼルスで流行っていたそうだ。どうしてこの商品を手に取ったのかはあとでわかる。紙袋の中はおそらくウォッカのボトルに違いない。

買い物を終えて帰宅した途端、ふたりの男に襲われ、敷物に小便をかけられる。どうやら同姓同名の大富豪と間違われたようで、敷物の弁償を求め、「ビッグ・リボウスキ」の異名を取る初老の大金持ち（デヴィッド・ハドルストン）に会いに行ったことから、ある事件に巻き込まれる。

その事件というのが、かつてポルノ女優をしていた「ビッグ・リボウスキ」の若い後妻バニー（タラ・リード）が誘拐され、身代金１００万ドルを要求されているという事案だ。

さてホワイト・ルシアンだが、劇中に6回も登場する。
最初は、自宅でこれまたガウンを羽織ったデュードがカクテルを作るシーン。ロック・グラスに手で氷を放り込み、そこにスミノフとカルーア・コーヒー・リキュールを注いでから、紙パックのコーヒー専用ミルクを加えた。
あれっ、先日、スーパーで買ったものとは異なる商品だ!? 本来、ホワイト・ルシアンは生クリームを使うのだが、肥満気味のこの男、カロリーを気にしているのか、それともこだわりがないのか、ずっとコーヒー専用ミルクを愛用していた。口ヒゲにミルクを付けた顔がなんとも可愛い。
2回目は、富豪が、亡くなった先妻とのあいだにもうけた前衛芸術家の娘モード（ジュリアン・ムーア）のアトリエで勝手に作っていた。そこで想定外のトラブルに遭遇するが、ずっとホワイト・ルシアンのグラスを手離さなかったのがすごい。

3回目は、ボウリング仲間のウォルター（ジョン・グッドマン）とドニー（スティーヴ・ブシェミ）の3人でボウリング場のバー・カウンターで並んで飲んでいた。このとき、くだらないことでウォルターと口論してしまう。

4回目は、ふたたびモードのアトリエで。スキンヘッドの彼女の男友達（ゲイ？）から「飲み物は？」と言われ、「ホワイト・ルシアンを」と答えるも、「酒はそこにある」と言われ、しかたなく自分で作って飲んでいたが、このときはどういうわけか粉ミルクだった。

5回目が、誘拐されたバニーと関係があるポルノ映画プロデューサー（ベン・ギャザラ）の豪邸に連行され、ホワイト・ルシアンを立て続けにお代わりしていた。ところがなにやら薬が盛られており、あえなくノックダウン。

そして最後の6回目は自宅で。モードと予期せぬセックスをしたあと、機嫌よくこのカクテルを作っていたが、ウォッカ⇓ミルク⇓カルーア・コーヒー・リキュールとレシピの順番が違っていた。実にいい加減だ。

このとき、突然、彼女から「子どもがほしいのよ」と告白され、びっくりしてホワイト・ルシアンを口から吹き出していたっけ。

いやはや、ホワイト・ルシアンをよく飲んでいた。これぞ愛飲酒さまさま。この男、元来、ミルク・コーヒーが好きだったのかもしれないなぁ。

一件落着後のエンディングもホワイト・ルシアンで締めるのかと思ったが、意外や意外、ボトルのソーダをお代わりしていた‼

期待を裏切られたが、大いに笑わせられた。

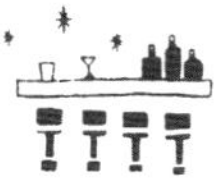

雪国

YUKIGUNI

山形県酒田市のバー・ケルンのオーナー・バーテンダー、井山計一さんが独自に考案した緑色のショート・カクテル。日本人が生み出したオリジナル・カクテルではもっともよく知られており、海外でも親しまれている。

標準的なレシピ

ウォッカ（40mℓ）、ホワイト・キュラソー（20mℓ）、ライム・ジュース（10mℓ）をシェイクし、砂糖のスノー・スタイルにしたカクテル・グラスに注ぎ、緑のミント・チェリーを沈める。
その後、世の中の辛口志向に合わせて、井山さん自身はウォッカ（50〜55mℓ）、ホワイト・キュラソー（10mℓ弱）、ライム・ジュース（5mℓ）という配合に変えた。

『YUKIGUNI』

バーテンダーの人となりが表れるカクテル

日本であまたのバーテンダーがいる中で、2021年5月10日、95歳で逝去した井山計一さんは国内で現役最高齢だった。

20歳のときに終戦を迎え、さまざまな仕事に就いてから、故郷の酒田でダンス教室をはじめたが、27歳のとき一念発起し、仙台へ出てキャバレーでバーテンダー修行を積んだ。そして2年後、酒田でバー・ケルンを開業したというから、キャリアが70余年の超ベテランである。まぎれもなくバー業界の至宝だった！

1958年、33歳のときに人生の転機が訪れた。当時、寿屋（サントリーの前身）の国産ウイスキー、トリスのハイボール「トリ・ハイ」を主体にした庶民向けのトリス・バーが雨後のタケノコのごとく全国各地で広まり、サラリーマンや学生の溜まり場になっていた。

そのトリス・バーに置かれていたのが、のちに芥川賞作家となる開高健（１９３０〜89年）が寿屋宣伝部員として編集に携わったＰＲ誌『洋酒天国』だった。お酒だけでなく、文学、映画、ファッションなど幅広く国内外の文化、流行、風俗を盛り込んだ宣伝色の薄い酒脱な内容で、クオリティーが非常に高かった。

その『洋酒天国』主催の第３回全日本ホーム・カクテル・コンクール全国大会に、井山さんが、会員になっていた日本バーテンダー協会（現ＮＢＡ、当時はＪＢＡ）東北支部からプッシュされ、オリジナル・カクテルの雪国を考案した。

東北地区の予選は書類審査だった。たまたま手元にあったウォッカ、ホワイト・キュラソー、ライム・ジュースを混ぜ、スノー・スタイルにしたグラスの縁にミント・チェリーを飾るというレシピと完成イメージの絵を手描きし、応募したところ3位に入賞した。

その後、ＮＢＡ東北支部長（仙台にある東北地方最古のバー「門」の店主、長嶋秀夫さん）からミント・チェリーをグラスに沈めるほうがいいとアドバイスを受け、いまの雪国が完成した。

この忠言がビジュアル的な美しさを生み出したのだ。

ネーミングは、ノーベル賞作家、川端康成（１８９９〜１９７２年）の代表作『雪国』ではなく、

自身が作った川柳「最果ての雪国の宿に泊まりて」から取られた。

翌1959年の3月28日、井山さんは東京・大手町のサンケイホールで開かれた全国大会に臨んだ。

2000人を超える観客、そして審査委員長の作詞家サトウハチロー（1903～73年）をはじめ、造形アーティストの岡本太郎（1911～96年）、作家の安岡章太郎（1920～2013年）、俳優の宇野重吉（1914～88年）ら錚々《そうそう》たる面々の審査員を前にしてシェイカーを振り、創作カクテル部門のノーメル賞で見事、グランプリを受賞した。

毎年、日本各地のバーで数え切れないほどのオリジナル・カクテルが生み出されているが、コンクールで優勝、準優勝に輝いたカクテルですら、数年後には忘れられるケースがほとんど。そんな中、雪国はほかのバーテンダーもこぞって作り、長く飲み継がれるスタンダード・カクテルとして定着した。これは稀有なことだ。見た目の美しさとシンプルな味わいの虜になった愛飲家がいかばかりいたことか——。

日々、バー・ケルンで粛々とこの美酒を作り続ける井山さんの温和な人柄に、山形県鶴岡市を拠点に活動している映画監督、渡辺智史が惹かれ、2年半にわたって密着取材し、2018年に完成させたのがドキュメンタリー映画『YUKIGUNI』だった。翌2019年1月から全国で順次公開された。

俳優、小林薫のナレーションで、井山さんの半生を追っている。生い立ち、バー業界での歩み、雪国誕生秘話、各地のバーテンダーや雪国を求めて来店する客の声……。文楽の人形遣い、桐竹紋臣さんが馴染み客とは知らなかった。

バーを活写した作品を数多く生み出した切り絵作家、亡き成田一徹さん(1949~2012年)、前述したカクテルに詳しい大阪・北新地のバーUKの店主、荒川英二さんもコメントを寄せている。

よくよく観ると、家族との触れ合いや葛藤などプライベートな面がことのほか多い。取材中に黄泉の客人となった愛妻キミ子さんへの想い、老舗時計店に嫁ぎ、専業主婦となった長女の真理子さんがはじめてバー・ケルンに足を入れ、雪国を口にしたシーン……。井山さんの健康法が温泉と足つぼマッサージということも言及されている。

カクテル雪国の誕生から60余年。それを味わうために全国各地から愛飲家がひっきりなしに訪れている。

ぼくも取材を兼ね、店にお邪魔しようと電話を入れたら、応対に出た真理子さんから「父は店に出られる状態ではありません」と聞き、その直後、天国へ旅立って逝かれた……。一度もお目にかかれなかったのが残念のきわみ。合掌。

映画の中で成田さんが口に出したこの言葉がいつまでも脳裏から離れない。

「バーは人なり」――。

井山さん、天国でも日々、シェイカーを振って「雪国」を作っておられるのでしょうね。

シェイク 3

ショート・カクテルの持ち方

マティーニ、ギムレットなどのショート・カクテルは、手の温もりが伝わらないようにカクテル・グラスのステム（脚の部分）を持って味わう。これが正しい飲み方だと思っていた。日本では、現にバーテンダーもそのようにアドバイスしている。

ところが欧米の映画を観ると、ほとんどの人物がカクテル・グラスのボウル（液体の入る部分）を掴むようにして飲んでいるのがわかった。００７のジェームズ・ボンドはウォッカ・マティーニを鷲掴み。華麗な美女ですら、みなそうしてショート・カクテルを味わっている。

これは大発見だったが、正直、カルチャー・ショックを覚えた。なじみのバーテンダーにこのことを言うと、「えっ、そうなんですか！」。やはり奇異に思えるようだ。

よくよく映画を観ると、欧米人は日本人に比べてショート・カクテルを飲むのがはるかに速い。だから、ステムに手を添える必要がないのかもしれない。そう理解していいのだろうか……。

ラム・ベース

Rum base

映画作品リスト

〈ダイキリ〉『クリスタル殺人事件』

１９８０年／アメリカ・イギリス／監督：ガイ・ハミルトン

出演：アンジェラ・ランズベリー、エリザベス・テイラー、キム・ノヴァク、ロック・ハドソン

〈エックス・ワイ・ジィ（X.Y.Z.）〉『野獣死すべし』

１９８０年／日本／監督：村川透

出演：松田優作、小林麻美、鹿賀丈史、室田日出男

〈モヒート〉『００７／ダイ・アナザー・デイ』

２００２年／イギリス・アメリカ／監督：リー・タマホリ

出演：ピアース・ブロスナン、ハル・ベリー、トビー・スティーヴンス、ロザムンド・パイク

ダイキリ

DAIQUIRI

世界的に有名なショート・カクテル。1898年前後、キューバのダイキリ鉱山で働いていたアメリカ人技師が考案した説が一般的。しかし、元々は1740年代からイギリス海軍で飲まれていたラム・ベースの飲み物らしい。当初は砂糖ではなく、グレナディン・シロップが使われていた。日本へは1920年代前半までには伝わったそうだ。

標準的なレシピ

ホワイト・ラム…3/4　ライム・ジュース…1/4
シロップ（1ティー・スプーン=5mℓ）。シェイクしてカクテル・グラスに注ぐ。
文豪アーネスト・ヘミングウェイ（1899〜1961年）が愛したのがフローズン・ダイキリ。ラムを倍量にし、ライム・ジュースのほかグレープフルーツ・ジュースも加え、シロップを抜きでクラッシュド・アイスと一緒にミキサーにかけ、シャーベット状にしたもの。

『クリスタル殺人事件』

ミステリーに映える白っぽいグラス

「ミステリーの女王」の異名を取るイギリスの女流作家アガサ・クリスティー（1890〜1976年）の推理小説で、ベルギー人の名探偵エルキュール・ポワロと比肩できうる主人公ミス・マープルはきわめて社交的で、詮索好きな愛らしい独身の老婦人だ。編み物や刺繍をしながら、現場に出向かずとも他者の伝聞によって難事件を解決していくのだからすごい。

このマープル・シリーズの『鏡は横にひび割れて』（1962年発刊）を、イギリス映画界の名匠ガイ・ハミルトン監督（1922〜2016年）が映画化した『クリスタル殺人事件』（80年）は、オールスター・キャストによる贅沢なミステリー映画だった。

その中で場違いなダイキリが非常に重要な場面

で使われていた。

　1953年、マープル（アンジェラ・ランズベリー）が暮らすイングランドの片田舎の村セント・メアリー・ミードに、歴史大作映画『スコットランドの女王メアリー』を撮るためハリウッドの撮影隊がやって来て、長期滞在することになった。

　久しぶりにカムバックする往年の大女優マリーナ・クレッグ（エリザベス・テイラー）、彼女の夫で映画監督のジェイソン・ラッド（ロック・ハドソン）、プロデューサーのマーティン・フェイ（トニー・カーチス）とその妻で女優のローラ・ブルースター（キム・ノヴァク）らが一堂に顔を合わせる。

　主役のメアリー・スチュアートをマリーナが、準主役のエリザベス女王をローラが演じる。ふたりは役柄そのままに犬猿の仲で、不協和音を生み出すのが目に見えていた。

　そんな中、マリーナが村人を屋敷に招待し、交流パーティーを開いた。マープルも招待されていたが、子どもが手離した犬のリードに足をすくわれて転倒し、足首を痛めてしまったので、止むなく自宅へ戻っていた。

　パーティーの参加者はウイスキー、ジン・トニック、シェリーなどを口にしながら和気あいあいと歓談している。

すみれ色のドレスに帽子を被ったマリーナが現れると、場が一段と盛り上がった。

すかさず彼女の大ファンという地元婦人会の幹事バブコック夫人（モーリン・ベネット）がマリーナに近づき、話しかけてきた。

「戦時中、慰問に来られたとき、お会いしてますのよ。覚えていらっしゃいますか」

このあと一方的にベラベラと喋りまくる夫人にマリーナが困惑気味。ところが急に凍り付いた表情になり、壁の一点を見つめた。そして話を中断させるためにこう言った。

「主人のダイキリは最高よ」

大都会のロンドンならまだしも、50年代前半のイギリスの田舎では、ダイキリを知る人はほとんどいなかっただろう。当然のことながら、夫人はキョトンとしている。

しばらくして監督がやって来て、「特別製のダイキリですよ」とバブコック夫人とマリーナに手渡した。

よくよく見ると、砕いた氷が入っている。確かにスペシャル・ダイキリだ！

「はじめての飲み物ですわ」

夫人が興味津々、グラスに口を付けるも、顔をしかめている。甘いカクテルと思っていたのかもしれない。

このあと、ちょっとした弾みでマリーナの体がバブコックのひじに触れてダイキリがこぼれ、マリーナが「ごめんなさい」と謝り、あわてて自分のグラスと交換した。五分後、そのダイキリを飲んだバブコック夫人が昇天した。検視の結果、毒殺と判明！

一連の出来事をパーティー会場で給仕していたマープルのメイドが目撃し、事細かくおばあちゃん探偵に報告した。その後、マリーナに脅迫状が届き、コーヒーの中にヒ素が盛られていると騒ぐなどして精神状態がどんどん不安定になってくる。

バブコック夫人は間違って殺されたのか――？

ゾクゾクする展開。グラスの中の白っぽいダイキリが妖しく輝き、ミステリーの深みへと落とし込んでいく。

ダイキリはもっともアメリカらしいカクテルだ。殺人に絡む人物がアメリカ人であることを暗示しているようにも思え、クリスティー女史のセンスが光る。

話がそれるが、そのクリスティーにちなんだ「アーント・アガサ（アガサ叔母＝Aunt Agatha)」というカクテルがある。一般には「アガサ・カクテル」という。

これもホワイト・ラムがベースで、そこにオレンジ・ジュースを注ぎ、アロマチック・ビターズを加えたもの。このカクテルを味わいながら、『クリスタル殺人事件』を観れば、言うことなし。

ダイキリが頻繁に出てくる映画なら、１９５８年のキューバ革命前夜を描いたアメリカの恋愛映画『ハバナ』（90年）がある。

ロバート・レッドフォード扮するギャンブラーが、ハバナ旧市街にあるヘミングウェイお気に入りの酒場「エル・フロリディータ」でこのカクテルをしょっちゅうあおっていた。

さらに余談――。

マフィア映画の金字塔『ゴッドファーザーＰＡＲＴⅡ』（74年）では、キューバ革命前のハバナの酒場で、バナナを使ったバナナ・ダイキリをオーダーするシーンがあった。いかにも南国風の甘めのカクテル。これは本場キューバでぜひとも味わいたい。

閑話休題――。
さて、『クリスタル殺人事件』の犯人、だれかおわかりですかな?

エックス・ワイ・ジィ

X . Y . Z .

ブランデー・ベースのサイドカーをラム・ベースに替えたショート・カクテル。カクテル名の由来がはっきりわかっていない。「X.Y.Z.」はアルファベットの最後なので、「おしまい」「最高」の意味があり、そこから名付けられたようだが……。1910〜20年に誕生したらしく、当初はジン・ベースで、マティーニのバリエーションだった。日本へは戦後に伝わった。

標準的なレシピ

ラム(ライト)…1/2　ホワイト・キュラソー…1/4　レモン・ジュース…1/4
シェイクしてカクテル・グラスに注ぐ。飲み口がよく、白っぽい色が美しい。

『野獣死すべし』

殺し屋がレシピを口にして……

40歳という若さで早逝し、ハリウッド大作『ブラック・レイン』（1989年）が遺作となった松田優作（1949～89年）――。

この人、日本で一番アウトサイダーがよく似合う俳優かもしれない。『最も危険な遊戯』（78年）、『殺人遊戯』（同）、『処刑遊戯』（79年）の〈遊戯シリーズ〉3部作で熱演したフリーランスの殺し屋、鳴海昌平のニヒルなクールさが忘れられない。

しかしなんといっても、存在感とインパクトの強さからして、『野獣死すべし』（80年）の主人公がダントツだと思う。

「青春は屍をこえて」――。

こんなキャッチコピーが付けられたこの映画は作家、大藪春彦（1935～96年）の代表的な同名ハード・ボイルド小説の映画化だが、主人公の内面に重点が置かれ、原作とはかなり異なるテイストに仕上がっていた。〈遊戯シリーズ〉で優作とコンビを組んだ村川透監督のダイナミックな演出が冴えわたる。

優作が扮したのが、エリートの伊達邦彦という男。東京大学経済学部を卒業後、通信社で戦場記者として活躍したものの、数年前に中途退職して社会から隔絶し、クラシックと読書を愛する独身の翻訳家だ。

撮影当時の優作とおなじ29歳という設定。体重を10キロ減らし、頬をこけて見えるように上下4本の奥歯を抜いて役柄に挑んだという。これぞ役者魂！　そのかいあって、死んだような目付きをした、掴みどころのない不気味な男に変身していた。

その伊達が大雨の夜、警視庁の刑事を殺害して拳銃を奪い、その足で闇のカジノへ押し入り、従業員を射殺して現金2億円を強奪した。

社会が騒然とする中、すぐにキレる短気なレストランのウエイター、真田徹夫（鹿賀丈史）を相棒にし、数日後の白昼、都心の銀行で大胆な強盗殺人をやってのける。そのとき平気で13人の行員と客を射殺したのだから、尋常ではない。とにもかくにも、人を殺めることに快感を覚える殺人鬼、それがこの男の素顔なのだ。

タイプライター、写真の現像と焼き付け、公衆電話……。40余年前の懐かしいアナログ的な光景が次から次へと出てくる。

映画には記録するという特性がある。この作品もしかり、ストーリー展開だけでなく、当時の世相を目で確認できるのが大きな付加価値になっている。

さて、肝心のカクテルである。

大金を強奪後、ふたりは逃げ延びるために夜汽車に乗った。その車内に、ずっと伊達に目を付けていたベテラン刑事の柏木（室田日出男）が姿を現し、身柄を確保しようとした。

ところが、逆に伊達が所持する回転式拳銃（リボルバー）のコルト・シングル・アクション・アーミーを刑事の顔に向け、なにを思ったか、アメリカの小噺『リップ・ヴァン・ウィンクル』を話しはじめたのだ。狂気の眼差しを注がれた刑事はとてつもなく恐怖感に襲われ、額に脂汗を浮かべている。

その話とは――。

リップ・ヴァン・ウィンクルという呑気者の木こりが森の奥に入り込み、そこで出会った小人からお酒をご馳走になる。そのうち酔ってしまい、深い眠りに落ちて夢を見る。

それはどんな狩りでも許される素晴らしい夢……。そのクライマックスで目が覚めると、すでに小人はおらず、森の風情も変わっている。

あわてて村へ戻ると、妻はとっくに亡くなっており、村も様変わり。ひと眠りしているあいだに、何十年もの歳月が経っていたのである。

伊達が訥々と話すあいだ、拳銃の引き金を何度か引くが、すべて空砲。なんのことはない、ロシアン・ルーレットを楽しんでいるのだ。

「それ、なんという名の酒なんだ。オレも飲みたいな」

刑事が呻《うめ》くように言葉を発すると、伊達がにんまりと笑った。

「ラム、コアントロー、それにレモン・ジュースを少々。シェイクするだけ。わかりますか?」

「エックス・ワイ・ゼット……」

「そう、これで終わりって酒だ」

言い終わらないうちに、伊達が引き金を引いたが、今度も空だった。

「ハハハ。ついてるなぁ。寝ますか。おもしろかったでしょう」

このあと、ますます狂気の世界へと突き進んでいく伊達をカメラが密着して追っていく。

カクテルのX.Y.Z.そのものは映らなかったが、こんなふうにセリフで登場するのは珍しい。

「Z」を「ジィ」ではなく、「ゼット」と言わせているところが日本映画らしい。

酒が飲めないはずの伊達がレシピを正確に言えたのが不思議だが、この場面ではX.Y.Z.が一番ふさわしいだろう。

こういうシーンこそ、お酒の知識を知っておれば、おもしろさが倍増する。

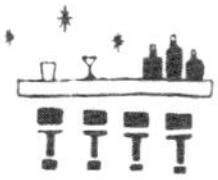

モヒート

MOJITO

ここ数年、世界的に人気のあるキューバ発祥のロング・カクテル。1920年代から首都ハバナで現代のスタイルで飲まれるようになったらしい。カクテル名は、「濡らす」という「Mojar（モハール）」に由来し、「喉を潤すもの」という意味がある。日本へは1950年代に伝わったようだが、90年代以降、一般に普及してきた。

標準的なレシピ

ライムを絞り、皮ごとタンブラーのなかに落としてから、ミントの葉とシロップ（約5mℓ）を入れる。そしてソーダ（適量）を加え、ミントの葉を潰してから、クラッシュド・アイスを詰め、ホワイト・ラムまたはゴールド・ラム（45mℓ）を注ぎ、ステア。

『007／ダイ・アナザー・デイ』

ナンパするにはモヒート？

007シリーズ40周年、通算20作目となった記念作品『007／ダイ・アナザー・デイ』（2002年）――。

5代目ジェームズ・ボンドに扮したピアース・ブロスナンの4作目にして最後の作品に、まさかモヒートがボンド・ガールへの口説きの道具として使われるとは思わなかった。

物語は――。

ボンドがダイヤモンド商人になりすまし、北朝鮮を訪れる。アフリカから不正に輸入されたダイヤモンドと引き換えに武器密輸をおこなっている北朝鮮軍将校の殺害、それがミッションだった。

ところが素性がばれ、軍に捕らえられ、14ヵ月におよぶ拷問と監禁の末、北朝鮮の工作員ザオ（リュック・ユーン）との捕虜交換でようやく解放される。

ロンドンの政府秘密情報部（ＭＩ－６）へ戻ると、北朝鮮に潜入していたアメリカの工作員が処刑されたのはボンドの密告によるものと疑われ、諜報部員の資格を剥奪される。

事件の核心を探るため、単身、ザオがいるというキューバのハバナへ飛んだボンドは、現地の諜報員ラウル（エミリオ・エチェヴェリア）の情報で、ザオが北海岸の沖に浮かぶロス・オルガノス島の病院でＤＮＡ変換療法を受けていることを知る。

さぁ、ここからだ。その島の対岸にあるビーチのバーに、ラウルから仕入れた幻の葉巻デレクタドスを手にするボンドがやって来て、モヒートをオーダーする。ラムの銘柄はよくわからない。

双眼鏡で島を眺めていると、海から上がってきたビキニの黒人女性（ハル・ベリー）が視界に入った。それはまるでシリーズ1作目『００７／ドクター・ノオ』（１９６2年）で初代ボンド・ガール、ウルスラ・アンドレスが白いビキニ姿で浜辺に姿を見せたシーンを彷彿とさせる。こちらはオレンジ色のビキニ。カリブ海の陽光によく映える。

「いい眺めだ」

ボンドがモヒートのグラスに口を付け、目尻を垂らす。

その言葉を耳にしたビキニ女性が自分のことを言われているのを知って、ちょっととぼけた感じで返す。

「ほんとうに最高ね。だれもビーチで楽しんでないけど」

ボンドが微笑みながら彼女に近づき、グラスを手渡す。

「モヒートだよ。さぁ、飲んでみて」

いきなりそうくるか！　でも、ごく自然な流れ。

グラスを受け取った彼女は「ジンクス」と名乗った。

「ジンクス（悪運）？」

「そうなの、13日の金曜日に生まれたから」

「不吉かな？」

「ええ、そのせいか恋愛は長続きしないの」

ここでボンドが話題を変える。

「猛獣は日没に現れる」

「どうして？」

「獲物が水を飲みに来るから」

モヒートを口にしたジンクスに、ボンドが囁く。

「強すぎる?」

このあとボンドが鳥類学者と偽り、彼女と大人の言葉遊びを楽しむ。ふたりの気持ちが徐々にラヴ・モードへと昇華し、いつしかモヒートのグラスを傾けるボンドの顔をジンクスがうっとり見つめている。

かくも短時間に艶っぽいムードを作り出すとはご立派。モヒートをこんなふうにナンパの小道具に利用するボンドは、つくづく現代のカサノヴァか、ドンファンではないかと思い知らされる。もちろん、このあとの場面は濃厚なラヴ・シーンとなる。ぜひとも参考にしたいところだが、凡人ではまず無理だろう。

ジンクスとの甘美なひとときを過ごした翌日、島の病院でふたりがバッタリ会う。

なんと彼女はCIA(アメリカ中央情報局)ならぬ、NSA(国家安全保障局)のエージェントだったのだ。前者はスパイを使った諜報活動がメインで、後者は主に電子機器を駆使して情報収集をおこなっている。

後日、ふたりはカリブ海から遠く離れたアイスランドで再会する。

事件のカギを握っている世界のダイヤモンド王、グスタフ・グレーブス(トビー・スティーヴンス)の「氷の宮殿」で催されたパーティーで、招待されていたボンドがジンクスを見つけたのだ。

そのときボンドはお決まりのウォッカ・マティーニ、ジンクスはシャンパーニュのグラスを手にしていた。

「モヒート！」

ボンドの声がけで振り向いた彼女の顔がたまらなく可愛かった。

その後、ふたりが協力し合い、恐るべき計画を立てているグレーブスの一団と立ち向かっていく。

そこにあのザオが絡んでいた。

すべてのはじまりがモヒート……。こんな００７映画があってもいい。

テキーラ・ベース

Tequila base

映画作品リスト

〈マルガリータ〉『ワンス・アポン・ア・タイム・イン・ハリウッド』

2019年／アメリカ／監督：クエンティン・タランティーノ
出演：レオナルド・ディカプリオ、ブラッド・ピット、マーゴット・ロビー、
エミール・ハーシュ

〈テキーラ・サンライズ〉『テキーラ・サンライズ』

1984年／アメリカ／監督：ロバート・タウン
出演：メル・ギブソン、カート・ラッセル、ミシェル・ファイファー、ラウル・ジュリア

〈メキシカン・ミサイル〉『サボテンの花』

1969年／アメリカ・フランス／監督：ジーン・サックス
出演：ウォルター・マッソー、イングリッド・バーグマン、ゴールディ・ホーン、
リック・レンツ

〈ショットガン〉『ハード・ボイルド 新・男たちの挽歌』

1992年／香港／監督：ジョン・ウー
出演：チョウ・ユンファ、トニー・レオン、アンソニー・ウォン、テレサ・モウ

マルガリータ

MARGARITA

塩味、レモンの酸味、テキーラの風味。３つの味が見事に融和したショート・カクテル。1949年、ロサンゼルスのバーテンダーが自ら考案したカクテルに、狩猟中の流れ弾で命を落とした恋人の名を付けた説が一般的だが、それはどうやら作り話らしい。有力な説がこれ。1930〜40年代、メキシコのアカプルコに別荘を持っていたマーガレットというアメリカ人女性が当地の酒場のカクテル（マルガリータの原型）を気に入り、彼女の名にちなみスペイン語で「マルガリータ」と呼ばれたという。日本では70年代以降、知られるようになった。

標準的なレシピ。

テキーラ…1/2　コワントロー…1/4　ライム・ジュース…1/4
をシェイクし、塩でスノー・スタイルにしたカクテル・グラスに注ぐ。

『ワンス・アポン・ア・タイム・イン・ハリウッド』

超特大＋特製マルガリータで火炎放射器を発射！

過激で、かついかがわしい奇想天外なドラマを生み出してきたクエンティン・タランティーノ。「ハリウッドの風雲児」とも呼ばれるこのアメリカ人監督が撮った『ワンス・アポン・ア・タイム・イン・ハリウッド』（２０１９年）は、映画愛に満ち溢れた大人の寓話である。

この映画にとんでもないマルガリータが登場していた。

ベトナム戦争が泥沼化し、体制に背を向ける自由奔放なヒッピーが社会現象になっていた１９６９年８月９日の未明、ハリウッドのビヴァリーヒルズで、ポーランド人監督ロマン・ポランスキーの妻で女優のシャロン・テート（１９４３〜69年）と彼女の友人５人がカルト集団チャールズ・マンソン・ファミリーに殺害された。

本作は、この「シャロン・テート事件」を背景にしたスリラー＋コメディー映画。レオナルド・ディカプリオとブラッド・ピットの初共演によるダブル主演が話題を呼んだ。

ディカプリオ扮するリック・ダルトンはかつてテレビの西部劇ドラマで人気を博していたが、いまや端役や悪役に甘んじている落ち目の俳優。撮影の前日でも深酒するほどの呑み助（アルコール依存症？）で、とりわけお気に入りがマルガリータ。

一方、ピット扮するクリフ・ブースはリック専属のスタントマン兼世話役。朝鮮戦争の帰還兵で、やたら腕っぷしが強く、ボディーガード的な存在でもある。健康志向なのか、ブラディー・メアリーを好んで飲んでいる。

ふたりは「兄弟以上、夫婦未満」の間柄とか。まさに「バディ・ムービー」（男の友情を描いた映画）の典型例だ。

ある日、リックの屋敷の隣に、『ローズマリーの赤ちゃん』（68年）を大ヒットさせた注目株のポランスキー監督の夫婦が引っ越してくる。新妻シャロン（マーゴット・ロビー）の天真爛漫さが眩い。

半年後——。

イタリアでマカロニ・ウエスタン（イタリア製西部劇）に出演したリックが妻に娶ったイタリア人女優を伴ってハリウッドへ帰ってくる。もちろんクリフも一緒だ。リックとクリフが街のレスト

ランで痛飲し、ベロベロの状態でリック邸へ帰宅してきた。
そのとき狂信的な男女3人が、殺害目的でポランスキー夫婦の豪邸をめざしていた。ところがヒッピー嫌いのリックとばったり遭遇し、酔った勢いで、「くそヒッピーめ」、「社会のクズ」と罵倒されたことから、急きょターゲットをリックに変える。
そんなこととは知らず、リックはまだ飲み足りないとみえ、キッチンで特製のマルガリータを作った。
テキーラ、コワントロー、ライム・ジュースをガラスの容器で混ぜ、冷蔵庫の氷とともにミキサーで撹拌。でき上がったカクテルをグラスに注ぐのかと思いきや、なんとミキサーのボトルごと飲みはじめたのだ。

超特大のマルガリータだ！

そしてガウン姿のまま屋外プールの空気ベッドの上で寝っ転がり、カクテルをグビリ、グビリとやりながら、ヘッドフォンでラジカセの音楽を楽しんだ。こんな調子で飲んでいると、間違いなく泥酔してしまう。

リック邸へ侵入した狂信者たちは、ＬＳＤ漬けのタバコを吸ってトンでいた用心棒のクリフと愛犬ブランディ（アメリカン・ピット・ブル・テリア）にボコボコにされる。

難を逃れた女がプールへ飛び込み、発砲しまくる。驚いたリックがこれまた酔った勢いで、以前の出演作で使った火炎放射器を持ち出し、あろうことかその女に発射し、あっという間に丸焼きにしてしまった。

わっ！　まさかこんな顚末になろうとは……。事実と異なる展開にしたのはタランティーノ監督の理想像なのだろう。

それにしても、恐るべし特製マルガリータ！

ゆめゆめこのカクテルをこんなふうに作らないでほしい。本来はバーでしっとりと味わうお酒なのだから。

マルガリータが登場する映画では、イギリスの異色恋愛映画『クライング・ゲーム』（92年）がおススメ。

ＩＲＡ（アイルランド共和軍）の戦士ファーガス（スティーヴン・レイ）が、北アイルランドの某所で捕らえたイギリス軍兵士ジョディ（フォレスト・ウィッティカー）と奇妙な交流が生まれ、処刑の前日に恋人ディル（ジェイ・デヴィッドソン）の写真を渡され、頼みごとを託される。

「ロンドンの美容院で働いている彼女に『君を愛していた』って伝えてほしい」

この遺言を実現させるため、心優しいファーガスが単身ロンドンへ潜入し、指定されたパブでディルを見つけ、マルガリータを奢ることになっていたのだが……。

どうしてこのカクテルなのか。それはぜひ映画をご覧になって確認してもらいたい。こちらのほうは、『ワンス・アポン・ア・タイム・イン・ハリウッド』のようなおぞましい小道具ではないので、ご安心を――。

テキーラ・サンライズ

TEQUILA SUNRISE

メキシコ湾の燃えるような美しい朝焼けをイメージした情熱的なカクテル。1972年、ローリング・ストーンズのミック・ジャガーがメキシコ公演（サンフランシスコ公演の説もある）で愛飲し、世界的にブレイクした。イーグルスは、セカンド・アルバム『ならず者（Desperade）』で、「テキーラ・サンライズ」という曲を作った。日本で認知されたのは80年代以降。

標準的なレシピ

ロング・スタイル──。
氷を入れた大きめのワイン・グラスかコブレットに、テキーラ（45㎖）、オレンジ・ジュース（90㎖）を注ぎ、軽くステアしてからグレナディン・シロップ（ティー・スプーン2杯）を静かに沈め、最後にスライス・オレンジを飾る。

『テキーラ・サンライズ』

〈メキシカン・コネクション〉を象徴

カクテル名をタイトルにした映画ですぐに思い浮かべる作品がふたつある。

ひとつは、オーストラリアを舞台にした日本のハードボイルド・アクション『シンガポール・スリング』（1993年）。トロピカル・カクテルの代表格がどんなふうに登場するのか期待して観たのだが、どういうわけか一度も映らなかった。

もうひとつがメル・ギブソン主演のクライム・サスペンス映画『テキーラ・サンライズ』（84年）。こちらはこのカクテルが3回登場していた。ギブソン扮する主人公が大のテキーラ・サンライズ好きなのだ。

メル・ギブソンと言えば、『マッドマックス』シリーズ（79～85年）や『リーサル・ウェポン』シリーズ（87～98年）などでアクション・スターのイメージが強かったが、スコットランド独立の英雄ウィリアム・ウォレス（1270?〜1305年）の半生を描いた『ブレイブハート』（95年）でアカデミー賞監督賞を受賞してから、監督業へシフトしてきた。クリント・イーストウッドやロバート・レッドフォードもしかり。俳優だけでは物足りなくなるのだろうか。

本作『テキーラ・サンライズ』では、役者稼業を突き進んでいた32歳の若々しいギブソンが元麻薬の運び屋という役柄に扮し、なかなかシブイ演技を披露していた。

舞台はロサンゼルス。マックこと、デイル・マキュージック（ギブソン）は麻薬の世界から足を洗おうと堅気の仕事をはじめようとするが、麻薬組織の撲滅を図るDEA（麻薬取締局）にマークされている。高校時代からの友人ニック（カート・ラッセル）がそのDEA捜査官とあって、微妙な立場に置かれている。

そんな中、メキシコ最大の密売組織のボス、カルロス（ラウル・ジュリア）が1200キロのコカインをアメリカへ密輸するという情報がもたらされる。かつてマックがカルロスと親しかったことから、ニックが友人を追い詰めていかざるを得なくなる。

もうひとりキーパーソンがいる。マック行きつけの高級レストランの女性オーナー、ジョー・アン・ヴァレナーリ（ミシェル・ファイファー）。この美貌の女性に捜査目的で近づいたニックが惚れてしまうのだが、実はマックも彼女を想っていた。

友情と捜査、そこに愛情が絡むところがこの映画の見せどころである。

マックはレストランへ行くと、かならずテキーラ・サンライズを味わっていた。

このカクテルが最初に映るのは、その店でパスタとズワイガニの料理を食べながらのシーン。食後酒ならわかるが、こんな甘めのカクテルを料理と合わせるなんて、アンビリーバブル！　ひょっとしたら、女性オーナーに強い印象を植え付けるために、ビジュアル的に映えるテキーラ・サンライズをいつもオーダーしていたのかもしれない。

そこにニックが姿を見せ、忠言する。

「おまえがクサイ。（麻薬の密輸をするのなら）よそでやってくれ。オレはおまえを逮捕したくない」

「もう足を洗ったよ」

そう言い返すマックにニックが目もくれず、美貌のジョーに視線を注ぎっぱなし。この瞬間からドラマがぐいぐい動き出していく。

マックは自宅でもテキーラ・サンライズ一辺倒だ。

オレンジ・ジュースの入ったデキャンタに高級テキーラのエラドゥーラ・ゴールドをぞんざいに注ぎ、即席のテキーラ・サンライズを飲んでいるとき、旧友ニックのことを考えていた。

「友情だってだんだん擦り切れるもんだろう。自動車のタイヤみたいに……」

マックはよほどテキーラがお好きとみえ、ストレートでガンガンやっているシーンも何度かあった。かつて麻薬の運び屋として頻繁にメキシコを訪れているうちに、テキーラの虜になったのだろうか。

メキシコ湾の朝焼けを眺めながらテキーラ・サンライズのグラスを傾けている姿がなんとなくイメージできる。深読みすれば、〈メキシカン・コネクション〉を強調せんがためにテキーラとそれをベースにしたカクテルが使われたのかもしれない。

実はこの映画、ラストにあっと驚く仕掛けがあった！

鮮やかなオレンジ色に染まった朝焼けのビーチで、マックとジョーの抱擁シーンがクローズアップで映る。

その色彩がまさにテキーラ・サンライズそのものだったのだ！

メキシカン・ミサイル

MEXICAN MISSILE

日本バーテンダー協会（NBA）のオフィシャル・カクテルブックにも載っていない稀有なカクテル。ネットで検索すると、複数のレシピがある。テキーラ・ベースなので、メキシカンの名が付けられている。日本でオーダーが通るバーがあるかどうかは微妙。

標準的なレシピ

[1]テキーラ(45mℓ)とジン(45mℓ)をステアし、ライム・ピールで香りを付け、ロックでいただく。
[2]テキーラ(1/4)、ウォッカ(1/4)、ライム・リキュール(1/4)、ソーダ(1/4)を混ぜる。グラスは特定なし。
[3]テキーラと薬草系リキュールのシャルトリューズ・ヴェール(グリーン)を等量ショット・グラスに注ぎ、タバスコ(適量)を添加。
[4]テキーラをショット・グラスに入れ、タバスコ(適量)を加える。

『サボテンの花』

キャラを変えるカクテル!?

ラヴ・ロマンスの名作『カサブランカ』(1942年)で一世を風靡したスウェーデン出身の女優イングリッド・バーグマン(1915~82年)。恋する女性やシリアスな役どころが多い中で、アメリカ=フランス合作の艶笑コメディー映画『サボテンの花』(69年)で意外な一面を披露していた。

ニューヨークで歯科クリニックを開業する中年男ジュリアン(ウォルター・マッソー)は独身のプレーボーイ。結婚を望んでおらず、妻子持ちであると偽って複数の女性と気楽に付き合っている。

そのうちのひとり、レコード店に勤める若いブロンド美人トニー(ゴールディ・ホーン)がジュリアンと結婚できないことに絶望し、自殺騒動を起こした。しかたなくジュリアンが身を固めると決意し、彼女にプロポーズした。

ところが、「奥さんときちんと話をつけたい」と言われ、慌てたジュリアンが長年勤務している助手の看護師ステファニー（バーグマン）にニセの妻になってほしいと懇願する。

スウェーデン移民の彼女はバツイチで、色気に乏しく、融通の効かない堅物人間。このときバーグマンは54歳だが、年の割にはずいぶん若く見える。

ジュリアン、トニー、ステファニーの3人に、トニーが暮らすアパートの隣人で、劇作家のイケメン青年イゴール（リック・レンツ）が加わり、奇妙な四角関係が生じてくる。

元々、フランスの舞台劇とあって、浮世離れしたロマンス・ムードが充満しており、ウソがどんどん上塗りされていくにつれ、笑いが増幅する。

映画の中で、マティーニ、ハイボール、ワイン、アイダホ産のスパークリング・ワイン……といろんなお酒が登場する。

そのきわめ付けがメキシカン・ミサイルだった。

といっても、〈ラム・ベース〉の章で紹介した『野獣死すべし』のX．Y．Z．と同様、セリフでのやり取りだけで、カクテル自体は映らない。

終盤、クリニックのあるビルの1階で、開業前にジュリアンとステファニーがばったり出くわした。前夜、ステファニーが息子のような年齢のイゴールと一緒にパーティーを楽しみ、その朝帰りだという。だからブルーのドレスにミンクのショールを羽織ったまま。めったに感情を出さない彼女がやけに浮かれてご機嫌だ。それがジュリアンには気に食わない。

エレベーターに乗ると、彼女がのろける。

「あのねぇ、ジンとトニックとテキーラのカクテルを飲んだの」

それに対し、ジュリアンが憮然と言い放つ。

「ジンがよけいだ」

「いえ、テキーラの代わりにトニックを」

「その逆だろ。ジンとテキーラか？」

ステファニーはお酒には詳しくない。

「メキシカン・ミシルっていう名だったわ」

「ミサイルだ！」

スウェーデン人は「ミサイル」を「ミシル」と発音するみたい。

「マラリアを防ぐとか……」

この会話から判断すると、レシピ［1］のテキーラとジンを等量混ぜたメキシカン・ミサイルのようだ。これはかなりアルコール度数が高い。だから彼女はまだほろ酔い状態になっていたのだろう。

はて、このメキシカン・ミサイル、アメリカでは認知度が高いのだろうか。

「このわたしに新しい世界が開けてきたのですわ」

思いもよらぬイゴールとのデートですっかり変わってしまったステファニー。メキシカン・ミサイルが彼女の背中を押し、豹変させたのは間違いない。

そんな姿を目の当たりにしたジュリアンにめらめらと嫉妬心が芽生えてくる。そして実は自分が愛していたのはステファニーだったことがわかってくる。彼女のほうも長いあいだ、心の底でジュリアンを想っていたのだ。

まさに灯台下暗し。ふたりの心がようやく結ばれた。その傍らに置いてある鉢植えには、めったに開花しないといわれるピンクのサボテンの花が咲いていた。めでたし、めでたし――。

で、トニーのほうは？　この手の映画はハッピー・エンドと決まっているので、彼女のお相手は自ずとわかろうというもの……。

なにはともあれ、メキシカン・ミサイルを一度、味わいたくなった。

ショットガン

SHOTGUN

カクテルではなく、飲むスタイルのこと。テキーラに限らず、ほかの蒸溜酒に炭酸系のドリンクを混ぜて作る場合もあるが、テキーラをよく使うので、あえて〈テキーラ・ベース〉の章に入れた。「テキーラ・ボンバー（TEQUILA　BOMBER）」「テキーラ・ホッパー（TEQUILA　HOPPER）」「テキーラ・スラマー（TEQUILA SLAMMER）」などいろんな異名がある。ついつい飲みすぎてしまい、気が付くとショットガンで撃たれたように酔いがまわって倒れてしまう。そんなところからこの名が生まれたらしいが、確証はない。起源もよくわかっていない。

標準的なレシピ

ショット・グラスにテキーラとソーダ（あるいはジンジャーエール）を同量入れ、手でフタをするようにして持ち、テーブルに叩き付け、泡立っているあいだに一気に飲み干す。要はラジカルなテキーラのソーダ割り。

『ハード・ボイルド
新・男たちの挽歌』

ドラマの伏線にガツンと一気に～！

『ミッション・インポッシブル2』（2000年）、『レッドクリフ』partⅠ（08年）とpartⅡ（09年）、『マンハント 追補』（17年）などアクション大作を次々に手がけてきた香港のジョン・ウー監督。

数ある代表作の中で、チョウ・ユンファとトニー・レオンの2大スターを起用した『ハード・ボイルド 新・男たちの挽歌』（1992年）は、もっとも評価の高い映画と言われている。

その冒頭でショットガンの作り方がクローズアップで映るのだから、たまらない。

カシャ、カシャとボトルを開ける音に続いて、ショット・グラスにボトルから透明の液体が荒っぽく注がれる。テキーラだ。次にトニック・ウォーター（シュウェップス）が加えられる。これでグラスの3分の2ほど占めている。

そこに布切れが被せられ、上から手のひらで押さえるようにしてグラスを持つ。そしてテーブルに激しく叩き付けると、液体が溢れ、シュワーと泡立つ。

間髪入れず、男がそれを一気飲み。

このあと黒字に赤い文字で映画のタイトルが浮き上がってくる。

「辣手神探　ＨＡＲＤ―ＢＯＩＬＤ」

飲み干した男がフーッと息を吐くと、いきなりクラリネットを吹いている。先ほどからずっと耳に心地よいジャズのサウンドが聞こえていた。

そう、ここはジャズ・バーのようなライブ空間だったのだ。男はカルテットの一員で、気持ちよく演奏に興じている。テキーラのショットガンは気付けの1杯だったのだろう。

一連の映像がすべてスローモーションで撮られているので、ことさら印象付けられる。

クラリネット奏者はチョウ・ユンファ扮する香港警察のユン刑事。ニックネームが「テキーラ」。なるほど、テキーラ好きが高じ、そう呼ばれるようになったようだ。

そうそう、忘れないうちに明記しておかなければならない。テキーラの銘柄はコンキスタドールだった。スペイン語で「征服者」を意味する。緑、黄色、茶色、黒のボーダー柄のラベルが目立つ

海外向けのボトルがはっきり映っていた。

この冒頭シーン、あっと驚く伏線が張られてある。

本作では、ジョン・ウー映画の中でも火薬の使用量が半端でないと言われるほど爆破シーンを多用した銃撃アクションが何度も映される。とにかくすさまじい。劇中、銃弾が何千発撃たれ、何人殺されたことか……。

それらの銃撃戦で、ユン刑事が鬼のような形相でショットガンをぶちかます。そう、冒頭のショットガンのシーンがここにつながってくるのだ。

それがわかったとき、思わずニヤリとしてしまった。こういうお酒の使い方には敬意を表したくなる。

物語は、武器密輸に手を染めるふたつの黒社会組織の対立を軸に展開する。スタンドプレーが目立ち、捜査班から外されても、なおも単身で組織を追うユン刑事がトニー・レオン扮する組員に接近していくが、そこには意外な事実が隠されていた……。

テキーラのショットガンと言えば、この映画も紹介しないわけにはいかない。

ジャン＝ジャック・ベネックス監督がメガホンを取ったフランスの異色恋愛映画『ベティ・ブルー 愛と激情の日々』（86年）。

ヒロインの少女ベティ（ベアトリアス・ダル）が運命的に出会った中年男性ゾルグ（ジャン＝ユーグ・アングラード）、その男がテキーラに目がなかった。しかも飲み方がショットガンばかり。それが尋常ではなかった。

テキーラ（オルメガ）とトニック・ウォーターを注いだグラスを、なんとタオルで包み込んでしまうのだ。そのグラスをテーブルに強く叩き付け、グビリと一気に飲む。このほうがはるかに過激だ。ゾルグいわく、「テキーラ・ラピド」。「ラピド（rapid）」はフランス語で「急速」という意味。酔いが早いので、そう名付けたのだろう。

この男はこれを何杯もあおり、ぐでんぐでんに酔っていた。

スペイン映画界の鬼才ペドロ・アルモドバル監督のコミカルな人間ドラマ『キカ』（93年）では、

主人公の女性キカ（ベロニカ・フォルケ）がトラブルに遭うたびに、気を鎮めるためテキーラ（マリアッチ・ゴールド）をショットガンで飲んでいた。最後にはトイレで吐いていたけれど……。

昨今、ショットガンが若者のあいだでゲーム感覚で流行っているそうだが、この飲み方はおススメしない。一気呑みとおなじように、早く酔いたいがためのものだから。見るからに下品で、お酒を冒涜しているようにすら思える。

バーでは絶対にタブー。映画の中だけで留めていただきたい。

シェイク 4

究極の酔い覚まし法!?

体からアルコール分を吹き飛ばし、シャキッとさせたい。深酒した翌日、だれしもそんな経験をしたことがあるだろう。実はとっておきの酔い覚まし法が、クラシカルな西部劇『エル・ドラド』(1966 年) で紹介されていた。酔いつぶれた保安官に試すシーンだ。

トウガラシ、強力マスタード、下剤、駆除剤、ハズ油を鍋の中に放り込み、最後に火薬を添加。それらを調合すると、アスファルトのようなドロドロした黒っぽい液体になる。それをマグカップに移し、保安官の鼻をつまんで無理やりに飲ませた。その直後、体が硬直！

そして調合した男がこう言った。

「しばらく酒を飲めなくなる。胃が受け付けなくなるんだ」。それはそうだろう。強烈すぎる。

目覚めた保安官が違和感を覚え、「なにを飲ませたんだ。腹が煮えくり返っている」と言いながらウイスキーを飲もうとするが、腹が痛くて飲めない。効果満点！

これはあくまでも映画の中での話。ゆめゆめマネをしないように！(笑)

リキュール・ベース

Liqueur base

映画作品リスト

〈アメリカーノ〉『ツーリスト』

２００５年／アメリカ／監督：フロリアン・ヘンケル・フォン・ドナースマルク
出演：ジョニー・デップ、アンジェリーナ・ジョリー、ポール・ベタニー、
スティーヴン・バーコフ

〈ペルノ・エ・マンダリン〉『外人部隊』

１９３４年／フランス／監督：ジャック・フェデー
出演：ピエール・リシャール＝ウィルム、マリー・ベル、フランソワ・ロゼー、
シャルル・ヴァネル

〈バレンシア〉『アイム・ソー・エキサイテッド！』

2013年／スペイン／監督：ペドロ・アルモドバル
出演：ハビエル・カマラ、アントニオ・デ・ラ・トーレ、ラウール・アレバロ、
カルロス・アレセス

アメリカーノ

AMERICANO

アメリカ人のことをイタリア語で「アメリカーノ」と呼ぶ。その名前からして1920年代にアメリカ人をイメージしてイタリアで考案された説が一般的だが、確証はないようだ。イタリア産の材料で作られているのがミソで、食前酒にうってつけのロング・ドリンク。ほろ苦さがこのカクテルの身上だ。

標準的なレシピ

カンパリ(30mℓ)、スイート・ベルモット(30mℓ)、ソーダ(適量)を注ぎ、レモン(あるいはライム)をスライスする。

もうひとつのレシピ——。

カンパリの代わりにビター・ベルモット(30mℓ)を使ったもの。

後者が正式のアメリカーノと言われている。

『ツーリスト』

見事な映像美を醸し出す赤いカクテル

ジョニー・デップとアンジェリーナ・ジョリーという当代きってのハリウッド俳優が初共演したミステリー映画『ツーリスト』（２００５年）。舞台となったイタリア屈指の観光地ヴェニスで、カクテルのアメリカーノが見事な彩りを添えていた。

見るからにセレブなイギリス人女性エリーズ（ジョリー）が、「謎の男」からの指示によってパリからヴェニス行きの列車に乗り込む。彼女はスコットランド・ヤード（ロンドン警視庁）とロシア・マフィアから監視、追尾されている謎めいたレディーだ。

その車内で、ひとり旅のアメリカ人男性フランク（デップ）と知り合う。ウィスコンシン州の田舎町の数学教師というその男は、どう見ても風采の上がらないダサい人物丸出しで、エリーズとはまったく釣り合いが取れていない。

ヴェニスに到着後、なぜかエリーズがフランクを超一流ホテルに誘い、夫婦と偽って、「ヴェネチア総督の間」という最上級スイート・ルームにチェック・インする。まことに不思議な行動だ。その魂胆がわからないフランクは困惑し、なされるがまま。

その夜、純白のイヴニング・ドレスと三つ揃えのスーツに身を包んだふたりが、運河に面したホテルのレストランで夕食をともにし、エリーズが勝手にエビのシャンパーニュ・リゾットをオーダーする。すべて彼女まかせだ。

そのときの食前酒がアメリカーノだった。

赤いロック・グラスが見事なほどに妖しく浮き立つ。イタリアを代表するリキュール、カンパリを使ったほうのアメリカーノだ。フランクがアメリカ人であることをことさら強調せんがために、このカクテルを小道具にしたに違いない。

ふたりはグラスを口にしながら、ゴージャスな雰囲気に浸って会話を楽しむ。その中でエリーズに想い続けている男性がいることをフランクが知り、興味津々に訊く。

「彼氏はどんな人？」

「だれとも違う人……」

すると、数学教師がこう返した。

「ぼくの故郷ではだれかに対する最高の褒め言葉は『地に足の付いたふつうの男』……。でも、それがぼくは大キライだった」

その言葉にエリーズが反応し、目の前のアメリカ人に好奇の眼差しを注いだ。そのときウエイターが近づいて来る。

「アメリカーノのお代わりは？」

エリーズがフランクに振る。

「どうしようかしら。どうする？」

結局、追加オーダーはなし。

このあと場面が食後のスイート・ルームに移る。

「いいレストランだった。いいワインだったし。今度はぼくがうまい飲み物を作る番だ」

そう言ってフランクが赤い液体の入ったロック・グラスにソーダを注いでいるシーンに変わる。

傍らにはカンパリのボトル。スイート・ベルモットのボトルが映っていなかったので、カンパリ・ソーダの可能性があるけれど、ここはやはりアメリカーノと思いたい。

真紅のソファに身を沈める白いドレスのエリーズ。なんとも艶っぽい彼女にフランクが赤いグラスを手渡す。

赤と白のコントラスト――。色彩的に申し分のない映像だ。

このあとふたりはベランダへ。フランクの手にはアメリカーノのグラスがしっかり持たれている。

「君のように『ふつうでない人』に会うのははじめてだ」

フランクが言い終わるや、いきなりエリーズのほうから唇を求めてきた。なんと積極的な！

甘い口付けを交わすふたりを運河のゴンドラに乗った男がカメラで激写している。すべて監視されているような気配……。

ふつうこの流れなら、ごく自然な成り行きでベッド・インを期待してしまう。もちろんフランクもそのつもりだったが、あにはからんや彼女はさっさとひとりで寝室へ入り、ドアを閉めてしまった。

ソファで寝ざるを得なくなったアメリカ男はヤケ酒気味にグラスを飲み干した。あ、おあずけ状態……、気の毒な表情がたまらなくおかしい。

翌朝、フランクが「謎の男」と間違われ、あろうことかロシア・マフィアから追われる。その「謎の男」とは、7億4400万ポンドの税金を未納し、組織から23億ドルもの大金を盗んだイギリス人男性だ。

想定外のスリル、サスペンス、アクションが展開され、最後にあっと驚く顛末が用意されている。すべてはカクテルの名前のごとく、アメリカーノ（アメリカ人）、つまりフランクがカギを握っていた！

ペルノ・エ・マンダリン

PERNOD ET MANDARINE

ペルノ・エ・マンダリンという名のカクテルはない。フランス、とくに南部のプロヴァンス地方では香草系リキュールのペルノにほかのリキュールを混ぜて飲む人が多く、そのバリエーションのひとつだ。ニガヨモギを主原料にしたリキュールのアブサンが健康上の理由から、第１次世界大戦前に製造が中止され、代替品として作られたのがペルノ。アブサンに似た風味を持つパスティス系リキュールと言われているが、厳密にはアニス酒である。一方、マンダリンは、柑橘類のマンダリン・オレンジやタンジェリン・オレンジの果皮から生み出される典型的なフルーツ・リキュール。ペルノ・エ・マンダリンは文字通り、ペルノとマンダリンをミックスさせたもの。だから、あえてカクテルと見なした。

『外人部隊』

疲れを癒やすミックス・ドリンク

非常に古い話だが、戦前の1930年〜40年代はフランス映画の黄金期だった。「ビッグ5」と呼ばれた巨匠たちが映画史に残る名作を次々と世に放った。

その5人とは――。『巴里の屋根の下』（30年）のルネ・クレール（1898〜1981年）、『舞踏会の手帖』（37年）のジュリアン・デュヴィヴィエ（1896〜1967年）、『大いなる幻影』（37年）のジャン・ルノワール（1894〜1979年）、『天井桟敷の人々』（45年）のマルセル・カルネ（1906〜96年）、そして『ミモザ館』（35年）のジャック・フェデー（1885〜1948年）。

詩的リアリズムを映画に植え付けた監督として知られるフェデーの出世作『外人部隊』（34年）に、

いかにもフランスらしい「カクテル」が登場する。その場面がなんとも味わい深いのである。

この映画が撮られた時期は、フランス領モロッコで独立運動が盛り上がってきており、フランス陸軍の外人部隊がその制圧に当たっていた。

ハリウッド・スターのゲイリー・クーパー（1901〜61年）とドイツからアメリカへ渡ったマレーネ・ディートリッヒ（1901〜92年）が共演したアメリカ映画『モロッコ』（30年）にはそのときの事情が描かれている。

『外人部隊』もその流れを継ぐ恋愛映画だが、どことなく暗さを感じさせる辺りがフランス映画らしい。

主人公は、フランスでよく知られる金融一族の能天気な青年ピエール（ピエール・リシャール＝ウィルム）。贅沢好みの愛人フローランス（マリー・ベル）に会社の金を注ぎ込み、家族と親族から勘当される。その上、彼女にも去られ、自暴自棄となってモロッコに駐屯する外人部隊に入隊したが、なんの展望もなく、絶望と空虚な日々を送っている。

そんなピエールの属する部隊が3ヵ月ぶりにとある町に帰ってくる。その町で定宿にしている安ホテルの受付が小さなバー・カウンターになっており、後ろの棚に愛想程度に数本のボトルが並べられている。

気だるい昼下がりに、トランプ占いをする存在感満点の女将ブランシュ（フランソワーズ・ロゼー）が汗とホコリにまみれた軍服姿のピエールを歓待する。

「元気？」

「あぁ、ただノドが乾いてたまらない。ペルノを半分に……」

そこまで言うと、女将が続きを――。

「マンダリンが半分ね」

酒の嗜好を知っているのだから、ふたりはかなり以前からご縁がありそうだ。

陰鬱なピエールをブランシュが気遣いながら、コブレットのような大きめのリキュール・グラスに、まずはマンダリン・リキュールを注いだ。半分と言っていたのに、4分の3ほど入っている。ラベルがはっきり映っておらず、銘柄は特定できない。

「まぁ、ぼくはいつもとおなじさ」

ピエールがボソッと呟くと、女将が話を変える。

「今夜は大騒ぎだろうね」

兵士が息抜きに羽目を外してドンチャン騒ぎをするのがわかっているからだ。

そのとき女将がペルノをグラスに加えたが、ステアをしなかった。

「そんなの関係ないよ。オレはただ寝たいだけなんだ」

ピエールが疲れた声を絞り出しながら、グラスを口にする。

「相変わらずふさぎ虫なのね？」

「女将、あんたは？」

「……、まぁ、そうね」

「飲まないか」

「ノン、体に悪いから」

そう言って、ブランシュが錠剤の薬を服用する。どうやら体調がすぐれないようだ。

「思いよう次第さ」

「そうね」

ピエールが一気にグラスを空ける。

「もう1杯！」

北アフリカの熱暑が言いようのない気だるさを増長させる。そんなデカダンな空気が充満する中で交わされる一連のやり取り。ピエールと女将との距離感がひと目でわかるシーンだった。

ふつうこんな状況なら、ペルノの水割りが妥当と思われる。プロヴァンス地方に行くと、昼下がりのカフェでそれをゆっくり、ゆっくり嗜んでいる人をよく見かける。

ほかのパスティスは水を注ぐと灰色っぽく白濁するが、ペルノはアブサンと同様、緑色を帯びた黄色に変わる。

なのに、この場面ではマンダリンとのミックス・ドリンクとは……。

これは相当、甘い。よほどピエールは心身ともに疲れていたのだろう。戦地から帰ってきたときの癒しの「マイ・ドリンク」になっていたのかもしれない。

その夜、厭世的な気分に浸っていたピエールが酒場で、かつての恋人フローランスと瓜ふたつの踊り子イルマ（ベルの二役）と出会ったことで、外人部隊をあっさり除隊し、なんとふたりで一緒に暮らしはじめたのだ。

5年後、イルマを伴ってフランスへ帰国する日、街中で偶然、フローランスと遭遇……。あ、運命のいたずら。

こういうときにこそ、ペルノとマンダリンの「カクテル」を口にし、慌てふためく気分を抑えてほしかった。

バレンシア

VALENCIA

女性好みの甘口カクテル。名前の由来がいろいろある。オレンジの産地で知られるスペイン南東部のバレンシア地方、あるいは中心都市バレンシアを冠したという説やバレンシア産オレンジを使ってこのカクテルを作ったという説など。ともあれ、華やかな雰囲気を醸し出すカクテルだ。

標準的なレシピ

アプリコット・ブランデー(2/3)、オレンジ・ジュース(1/3)、オレンジ・ビターズ(4ダッシュ)をシェイクし、グラスに注ぐ。
このレシピにシャンパーニュ(スパークリング・ワイン)を適量加えると、「マザー・シャーマン(MOTHER SHARMAN)」というカクテルになる。そこにクラッシュド・アイスを使えば、「バレンシア・コブラー(VALENCIA COBBLER)」。

『アイム・ソー・エキサイテッド！』

エロスの世界へと落とし込む刺激的なカクテル

スペイン映画界の鬼才ペドロ・アルモドバル監督の『アイム・ソー・エキサイテッド！』（２０１３年）はなんとも刺激的な作品だ。

スペインの首都マドリッドのバラハス国際空港を飛び立ったメキシコシティ行きのペニンシュラ航空２５４９便が１時間半後、機体トラブルが見つかり、緊急着陸する空港を探すため、上空を旋回しはじめた。

えらいこっちゃ！

ふつうならパニック映画になるところを、アルモドバル監督の手にかかると、抱腹絶倒のコメディーに仕上がるのだから恐れ入る！

トラブルの原因は、車輪の片側が機能しなくなったから。フライト前、アントニオ・バンデラス扮する整備士が熱愛中のペネロペ・クルス扮する地上スタッフと話し込んでいて、車輪のストッパーを外し忘れたのが原因だ。

そのシーンが伏線として冒頭にちゃんと映っていた。カメオ出演（有名なスターがゲスト出演）していたふたりはアルモドバル監督作品の常連組。

エコノミークラスの乗客と客室乗務員（ＣＡ）が特別なドリンクを飲まされて爆睡しているあいだ、ビジネスクラスでとんでもない出来事が巻き起こっていた。

ビジネスクラスを受け持つ３人のＣＡはいずれもオネエ系。アルコール依存症気味のホセラ（ハビエル・カマラ）とウジョア（ラウール・アレバロ）が不安解消のためか、ギャレー（食べ物の調理や準備をする場所）でテキーラをショットガンで飲みまくる。銘柄はサウザだった。

彼らと〈関係〉がありそうな機長（アントニオ・デ・ラ・トーレ）と副機長（ユーゴ・シルヴァ）のために、高級テキーラのドン・フリオならぬ、ドン・デュリオなるボトルを開けていた。

これぞフェイクのきわめ付け！

残るひとりのＣＡ、ファハス（カルロス・アレセス）はなんとヒンズー教徒で、携帯用の祭壇を取り出して祈り続ける。あゝ、なんともシュールな映像のオンパレード。

ビジネスクラスの乗客もクセ者だらけ。

ふたりの愛人を抱える落ち目の俳優（ギレルモ・トレド）、未来を予言できるというアラフォー

の不思議な女性（ロラ・ドゥエニャス）、600人もの国家権力者とセクシャル・コンタクトを持っていると豪語するSMの女王（セシリア・ロス）、怪しげなメキシコ人の警備アドバイザー（ホセ・マリア・ヤスピク）、捜査当局から追われている銀行の頭取（ホセ・ルイス・トリホ）……。

彼らのややこしい素性が徐々にあぶり出されていくところがおもしろい。

それにしても、よくもまぁ、こんな強烈な登場人物を作り出せたものだ。

機体トラブルのことを知った乗客を落ち着かせるため、3人のCAが映画のタイトルにもなっているアメリカの黒人コーラス・グループ、ポインター・シスターズのヒット曲『アイム・

ソー・エキサイテッド！』（１９８２年リリース）を踊って歌いまくる。

めちゃめちゃノリがいい。インド映画のように、いきなりミュージカルになるのだからおったまげる。

そしてこのあと、くだんのカクテルが登場する。

乗客にもっとくつろいでもらおうとの判断で、チーフＣＡのホセラが提案した。

「バレンシアを作ろう！」

さっそくギャレーの中で大きな容器を使ってカクテルを作りはじめた。それがふつうの代物ではない。新婚カップルが隠し持っていた幻覚剤（メスカリン）を混入したスペシャル・バレンシアだ。

オレンジ色がきわ立つそのカクテルを乗客が口にするにつれ、次第に快感と多幸感が高揚し、機内は妖しい雰囲気になってくる。ついにはハレンチな行動へと発展し、エロスの世界へと豹変する。

こういうけばけばしい演出はアルモドバル監督の真骨頂だ。

やがて事態が落ち着いてから乗客が尋ねた。

「カクテルになにを入れたんだ？」

すると、チーフＣＡが事もなげにレシピをバラした。

「シャンパーニュにオレンジ・ジュース、ジンを少々……、そしてメスカリンをたっぷり」

あれっ、肝心のアプリコット・ブランデーが入っていない！　どうしてジンが？　ならば、バレンシアではないと文句を言うのもアホらしくなるほどすさまじい展開だった。

人間のさまざまな愛の形を描いてきたアルモドバル監督。「愛の伝道師」と呼ばれるこの人が原点回帰した鮮やかなエロチック・コメディーに乾杯！

で、肝心の飛行機はどうなったのか？　それは観てのお楽しみ。

ワイン・ベース

Wine base

映画作品リスト

〈スプリッツァー〉『フェイク』

1997年／アメリカ／監督：マイク・ニューウェル

出演：ジョニー・デップ、アル・パチーノ、マイケル・マドセン、アン・ヘッシュ

スプリッツァー

SPRITZER

食前酒として、ノドの渇きを癒やすドリンクとして最適なライト・タイプのカクテル。語源は「弾ける」という意味のドイツ語「スプリッツェン（Spritzen）」からきている。19世紀半ば、ハプスブルク家のオーストリア＝ハンガリー帝国で飲まれていたらしく、当時、帝国領だったイタリアのヴェネチア発祥説が有力のようだ。毎年8月、ザルツブルクで開催される「モーツァルト音楽祭」で供されている。イギリスの亡きダイアナ元皇太子妃（1961～97年）のお気に入りだった。

標準的なレシピ

白ワイン（60mℓ）をソーダ（適量）で割り、スライス・ライムを添えてロックでいただく。

『フェイク』
泡立ち、弾ける儚《はかな》い生きざま

『ゴッドファーザー』シリーズ3作（1972、74、90年）、『スカーフェス』（83年）、『カリートの道』（93年）、『アイリッシュマン』（2019年）……。

マフィアに象徴されるウラ社会を描いたフィルム・ノワール（犯罪映画）で、おなじイタリア系アメリカ人俳優ロバート・デ・ニーロとともに圧倒的な存在感を放つアル・パチーノ。この人が銀幕に登場するだけで、映像に計り知れないほど重みが増す。

そんなパチーノが、イギリス人のマイク・ニューウェル監督の手による実話の映画化作品『フェイク』（97年）で、非常に個性的なギャングを演じていた。

ニューヨークのブルックリンに縄張りを持つマ

フィア、ボナンノ一家の中軸的な組織員で、「レフティ（左利き）」の異名を持つベンジャミン・ルッジェーロという中年男。対立する組織のメンバーを26人も殺害したことを自慢している鉄砲玉だ。

映画は、1978年にこの男に接触し、ボナンノ一家に6年間も潜入したFBIの特別捜査官ジョー・ピストーネの動きに肉迫する。スリリング溢れる状況下で、オトリ捜査に挑む捜査官をジョニー・デップが巧演していた。

冒頭、ジョーがレフティにはじめて接触するシーン――。

バタ臭い酒場の奥で仲間と与太話に興じているレフティを、ジョーがカウンター席からチラチラ見ている。視線を気にするレフティ。

「あの口ヒゲはだれだ？」

仲間に訊くと――。

「宝石鑑定屋のドニー・フランコだ」

ニセの職業と名前がマフィアに認知されている。ということは、ずいぶん前から別人になりきっていたのだろう。

翌日、その酒場に来たレフティがカウンターで新聞を広げているジョーの元に近づき、いきなりダイヤモンドの指輪を見せる。どうやら盗品らしく、高く売りたいらしい。

ジョーがひと目見て、きっぱり言う。

「これはガセモノ（ニセモノ）だ」

「2秒も見ずにわかるのか？」

「そうだ。フェイクだ」

そう言って本物のダイヤを見せ、あえて挑発する。

「売れるモノを売れよ。マヌケ野郎」

面と向かってバカにされ、憤るレフティの前に、バーテンダーが注文されていないのにワイン・グラスを置いた。グラスを置いた。見た目は白ワインのようだが、少し発泡している。

「レフティ、どうぞスプリッツァーを」

この男がスプリッツァー好きなのを知っているようだ。

レフティは見るからに酒呑みといった感じだが、アルコール度数の低いスプリッツァーとは意外だ。のちに別の酒場でもバーテンダーから「スプリッツァーは？」と言われていた。いや、ひょっとしたら、あまり酒が強くないのかもしれない。

スプリッツァーは上品な雰囲気を醸し出すカクテル。それが真逆のマフィアと結び付いているところがおもしろい。

レフティはグラスを横にどけ、ジョーを威嚇しながら食ってかかる。

「オレさまはこの街の顔なんだ。知らないヤツはいない」

それでもまったく恐れず、動じないジョーを、レフティが気に入る。この場は結局、スプリッツァーを飲まずじまい。

レフティは非常に用心深く、猜疑心の強い男だが、その後、利発で度胸満点のジョーに信頼を置きはじめ、やがて片腕として常に同行させるようになる。

クリスマスの日、レフティが自宅にジョーを招き、晩餐のあと、少し黄色がかった酒の入ったふつうのグラスを手にする。白ワインのように見えるが、ここはスプリッツァーと思いたい。

「おまえの身は引き受けた。死ぬときは一緒だ！」

そして――。

「乾杯！」

これで兄弟の契りが結ばれた。

ジョーは捜査のために自宅へ帰れず、娘3人をひとりで育てている妻マギー（アン・ヘッシュ）との確執に悩みながらも、組織の中にどんどん入り込み、頭角を現していく。そのうち兄貴分のレフティが組織内で浮き上がり、微妙な立ち位置になっていく。

哀しいギャングの生きざま――。

それはスプリッツァーのごとく泡立ち、弾ける儚いものなのだろうか。

いや、旧ユーゴスラヴィアの恋愛映画『3人でスプリッツア』（84年）でこのカクテルを飲むシーンがあり、忘れ得ぬセリフがあった。

「ワインでもソーダでもないのね。どっちつかず……」

つまり、中途半端な生き方。うーん、これも納得できるなぁ。

シャンパーニュ・ベース

Champagne base

映画作品リスト

〈シャンパン・カクテル〉『めぐり逢い』

1957年／アメリカ／監督：レオ・マッケリー

出演：ケーリー・グラント、デボラ・カー、リチャード・デニング、ネヴァ・パターソン

シャンパン・カクテル

CHAMPAGNE COCKTAIL

欧米では19世紀中ごろから後半にかけて、主に食前酒として普及していた。多くのカクテル・ブックに、映画『カサブランカ』（1942年）で「君の瞳に乾杯！」の名ゼリフとともにこのカクテルが紹介されているが、それは単なるシャンパーニュ（コルドン・ヴェール・ドミ・セック）。どうして間違いがまかり通っているのか不思議でならない。なお、本書では通例の「シャンパン」ではなく、発音に近い「シャンパーニュ」と表記しているが、「シャンパン・カクテル」の名が定着しているので、カクテルに関しては「シャンパン」と表記する。

標準的なレシピ

アンゴスチュラ・ビターズ、またはアロマチック・ビターズを染み込ませた角砂糖（1個）をグラスの底に置き、そこにシャンパーニュ（適量）を注ぐ。ステアは禁物。スパークリング・ワインではなく、かならずシャンパーニュを使用する。時間とともに角砂糖が溶け出し、甘味が増してくるところが醍醐味。

『めぐり逢い』

運命の糸をたぐり寄せるカクテル

アメリカ人女性が一番、お気に入りのラヴ・ロマンス映画、それが『めぐり逢い』（1957年）と言われている。古き良き時代に作られたクラシック映画の代表作だ。

ダンディーなケーリー・グラント（1904～86年）と気品溢れるデボラ・カー（1921～2007年）。1950年代当時、絶大な人気を誇っていたふたりのスター俳優が見事なアンサンブルを奏でてくれた。

この映画はシャンパン・カクテルなくしてあり得ない。

世界的なプレーボーイとして知られる画家のニッキー・フェランテ（グラント）とキャバレーの歌手テリー・マッケイ（カー）。ともに婚約者と恋人のいる身だが、ヨーロッパからニューヨーク行きの客船で運命の出会いが用意されていた。

ニッキーの落としたシガレット・ケースをテリーが拾ったことが事の発端。人目を気にし、ふたりは彼女の船室で会話を交わす。

「人生はシャンパーニュの泡のようなものだよ」

ニッキーがそう言うと、テリーがうまくかわす。

「ピンク・シャンパーニュが好きよ」

字幕ではロゼになっている。日本人にはピンクが耳に馴染みがないからだろう。

「だから、この一瞬を楽しもう。イヤかい？」

さすが、色男！　はじめて会ったのに早くも口説いている。

しかし、テリーから恋人の写真を見せられると、潔く退散する。ところが彼女が気を遣ってディナーの誘いに応じる。少しずつふたりの距離が近づいてきている。

このあと1回デッキで出くわし、そしてバーで決定的になる。

タキシード姿でカウンターへ近づいたニッキーがバーテンダーにオーダーする。

「シャンパン・カクテルを。ピンク・シャンパーニュある？　それを」

タバコを買いに行っているあいだに、今度はグレーのドレスに身を包んだテリーがやって来る。

「シャンパン・カクテルをください。ピンク・シャンパーニュある？　それを」

まったくおなじ注文。先ほどの船室でのやり取りが利いている。あれは伏線だったのだ。

バーテンダーがグラスをふたつ置く。

〈あれっ、私ひとりなのに、どうして？〉

彼女が不思議がる。

グラスはソーサー型のシャンパーニュ・グラスではなく、カクテル・グラスだ。底に角砂糖が入っている。すでにビターズを染み込ませてあるのだろう。そして小振りのボトルからグラスにシャンパーニュが注がれる。

そこへニッキーが戻って来た。驚きながらも顔が喜んでいる。

笑みを浮かべるふたり。

「ハロー！」

この瞬間、〈運命の糸〉が絡み合った。

隣に坐っていた婦人がふたりの会話に聞き耳を立てているのをテリーが知り、機転を利かす。

「ゲール語、話せる？」

ニッキーは怪訝な顔をしながらも……。

「得意さ」

「『出よう』って言ってよ」

ゲール語とはケルト語の一種。デボラ・カーは生粋のスコットランド人で、彼女が演じるテリーもマッケイ（ＭｃＫａｙ）という姓からして典型的なスコットランド系だ。だからスコットランドの母語をセリフに使わせたのだろう。こういう演出はシブイ！

グラスに２、３口しか付けていないのに、テリーがさっと立ち上がる。そしてカクテルに指を浸し、自分の首元に付けてから、いたずらっぽく残りのしずくを婦人に飛ばした。

この一連のシーンの流れが素晴らしい！　優美なシャンパン・カクテルだからこそ映えたのである。

互いに気持ちを確かめ合ったふたりは、それぞれの相手と別れることを決め、半年後の７月１日午後５時、エンパイア・ステート・ビル１０２階の展望台で再会を約束する。そのときに結婚を誓うというのだ。ところが予期せぬ悲劇が起きる……。

この『めぐり逢い』は、1939年に製作された『邂逅（めぐりあい）』のリメイク。こちらはニヒルなフランス人俳優シャルル・ボワイエ（1899~1978年）とアイリーン・ダン（1898~1990年）の共演だった。

シャンパン・カクテルのシーンが気になったので、調べると——。

シチュエーションはほぼおなじだった。異なる点は、グラスがソーサー型のシャンパーニュ・グラスで、フル・ボトルのコルクを「ポン！」と音を立てて抜いてからシャンパーニュを注いでいたこと。それとゲール語ではなく、ラテン語だった。

1994年にさらにリメイクされ、前作とおなじ『めぐり逢い』の邦題で公開された。ウォーレン・ベイティとアネット・ベニングの実際の夫婦が息の合ったところを見せたが、シャンパン・カクテルではなく、ふつうのシャンパーニュをテリーがグビリ、グビリとやっていた。時代が変わると、こうも大胆になるものなのか……。

シャンパン・カクテルと言えば、ニューヨークで暮らすイタリア系住民のラヴ・ロマンス『月の輝く夜に』（87年）で、ハッピーエンドの象徴として登場していた。もっともこの映画では優美というより、底抜けに陽気なカクテルだった。

ビール・ベース

Beer base

映画作品リスト

〈レッド・アイ〉『カクテル』

1988年／アメリカ／監督：ロジャー・ドナルドソン

出演：トム・クルーズ、ブライアン・ブラウン、エリザベス・シュー、ケリー・リンチ

レッド・アイ

RED EYE

二日酔いの「妙薬」、あるいは迎え酒として知られている。ネーミングの由来は、二日酔いで目の血走った人が好んで飲んでいたからという説が一般的。アメリカ生まれと言われてきたが、1970年代までに日本で考案されたカクテルに間違いないようだ。その後、主にアメリカで広まり、生タマゴ入りのレッド・アイがポピュラーになったが、やがて廃れた。現在、海外で「レッド・アイ」の名で注文しても、まず通用しない。

標準的なレシピ。

ビールにほぼ同量のトマト・ジュースを加えたシンプルなカクテル。言うなれば、ビールのトマト・ジュース割り。スライス・レモンやスティック・セロリが添えられることもある。

『カクテル』

ファイト一発！ 活力源

レッド・アイを一躍有名にしたのが、大スター、トム・クルーズ主演のアメリカ映画『カクテル』（1988年）。

いや、このカクテルだけではない。ボトル、シェイカー、グラスなどを曲芸のようなパフォーマンスによって操り、カクテルを作るフレア・バーテンディングが、この映画で大流行した。

本作は、タイトルのごとく、カクテルのオンパレードだった。

軍隊を除隊し、実家の田舎町に帰還したばかりのアイリッシュ系の青年ブライアン・フラナガン（クルーズ）がニューヨークへ向かい、ひと旗揚げようと就職活動に励むも、実績と学歴のなさからどの会社からも門前払い。世の中、甘くはない。

すっかり落ち込んだ彼がたまたま、世界一のバー激戦区と言われるイースト・サイドのバーで、「バーテンダー募集」の貼り紙を目にし、引き込まれるようにして店内へ入っていく。

夕刻の営業時間前で客がだれもいないはずなのに、カウンター内でベテラン・バーテンダーのダグラス・コグラン（ブライアン・ブラウン）がカクテルを作っている。どうやら自分用のものらしい。

「これはレッド・アイだ。おまえの名前は?」

そう言って、栓を抜いたビールの小ビンを大きめのグラスに逆さに突っ込んだ。なんと荒っぽい。そしてバー業界とはまったく縁がなく、お酒の知識が皆無なド素人のブライアンに矢継ぎ早に質問をぶつける。

「ウォッカ・マティーニの作り方は?」
「大男を叩き出す方法は?」
「酔ったバレリーナを退出させるには?」
「うるさ型の上客への対応は?」……などなど。

ダグラスは頃合いを見計らい、グラスからビールのボトルを取り出し、余っている分を飲み干した。そこにトマト・ジュースをぞんざいに注ぎ、さらになにやら錠剤の薬（ビタミン剤?）を入れてから、右手で上手に割った生タマゴの黄身をグラスにポトンと落とした。手慣れたものだ。

これでスペシャル・レッド・アイのでき上がり。実にしなやかな動き。

そして、質問にすべて即答したブライアンをその場で採用し、レッド・アイの入ったグラスを一気に飲み。仕事前の気付けの1杯とは……、恐れ入る。

このあと、なんとスーツ姿のままアルバイトのバーテンダーとして、右往左往しながら働くブライアンを、この先輩バーテンダーが厳しく指導し、アドバイスする。

やがてふたりは意気投合。器用なブライアンは師匠を真似、フレア・バーテンディングをこなすようになってくる。

後日、彼らが痛飲した翌朝、二日酔い気味のダグラスが豪語した。

「コグラン（自分のこと）の主食は『カクテルと夢』だ」

朝食代わりに、生タマゴ入りのレッド・アイ。これが日課のようだ。確かにタマゴが効きそう。ふたりは共同で開いた大型店でフレア・バーテンダーとして人気を博する。

ボトルがぽんぽん宙を舞い、まるで軽業師みたい。いきなりブライアンがカウンターの上に立ち、バーボンのジン・ビームのボトルを片手に、即興で詩を披露する。

「アメリカがぼくの作るカクテルを飲む。アメリカがぼくの美酒に酔う。セックス・オン・ザ・ビーチ、ピーチのシュナプス、ベルベット・ハンマーにアラバマ・スラマー、ジュースと生クリームのピンク・スクワール、ロングアイランド・アイスティーにカミカゼ、オーガズム、デス・スパズム、シンガポール・スリング……。アメリカがひれ伏す！　ぼくの作る酒に。もし酔いたければ、このストレート・ショットを！」

なんのことはない、自分の知っているカクテルを羅列していただけ。それらを一気にまくし立て、ジン・ビームをショット・グラスでグイ呑みした。

このあとふたりが些細なことから決別。ブライアンが単身でジャマイカへ飛び、リゾート地のバーで働いているときに出会った女性ジョーダン（エリザベス・シュー）との恋愛譚へと物語がシフトしていく。

とにもかくにも、本作で「レッド・アイ＝生タマゴ入り」が定着した。

そう言えば、懐かしの異色西部劇『ギャンブラー』（1971年）で、ウォーレン・ベイティ扮する賭博師が「この寒さじゃ、小便も凍っちまう」とウイスキーに生タマゴを入れていた。日本でも風邪を引いたとき、タマゴ酒を飲む風習があるので、お酒と生タマゴは相性が合うのだろう。

映画では出てこなかったが、アメリカ人作家へイウッド・グールドの原作に当たると、ダグラスがこんなことを言っている。

「卵を入れず、これ（レッド・アイ）をつくるアホが世間にはごまんといる。アホどもは、このドリンクの名前の由来は、赤い眼をしている時に飲むことが多いからだと言う。が、真相はつねに単純で、名は体を表すのだ。こいつ、赤い眼に見えるだろう」（文春文庫『カクテル』、1989年、訳：柴山幹郎）

つまり、黄身が目ん玉なのだ。

まぁ、それはさておき、この男にとって、生タマゴ入りのレッド・アイは活力源に違いない。

ファイトー、一発～！

シェイク 5

オリジナル・カクテルのオンパレード！

全世界にバーがごまんとあるのだから、当然、それぞれの店のバーテンダーが独自に考案したオリジナルのカクテルもごまんとある。それが随所に出てくるのが、タイ映画『プアン／友だちと呼ばせて』（2021年）。

ニューヨークでバーを経営するタイ人の青年が、白血病で余命幾ばくもない友人から知らせを受け、久しぶりに帰郷し、友人の複数の元恋人を訪ねる旅に付き添うという異色ロードムービー。主人公がバーテンダーゆえ、カクテルが次々と出てくる。

冒頭、いきなり映し出されるのが、ロング・カクテルの「ビッグ・アップル」。言わずもがな、このネーミングはNYのニックネームから。このあと、元カノの名前を冠した「アリス・ダンス」、「ヌーナーの涙」、「雨上がりの虹（ルン）」など……。きわめ付きは、主人公が元恋人の女性バーテンダーと海辺で再会し、彼女が屋外バーでシェイカーを振った「ニューヨーク・サワー」。どれも意味深な名前が付けられているのがミソ。

この映画は、カクテルはもちろん、それを作っていくシーンのスタイリッシュな映像の美しさにも目を奪われる。

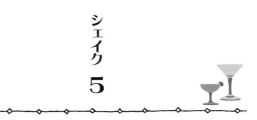

架空のカクテル

Fictional cocktail

シベリアン・ミスト

SIBERIAN MIST

映画作品リスト

〈シベリアン・ミスト〉『シーズ・ソー・ラヴリー』

1997年／アメリカ・フランス／監督：ニック・カサヴェテス

出演：ショーン・ペン、ロビン・ライト・ペン、ジョン・トラボルタ、ジーナ・ローランズ

『シーズ・ソー・ラヴリー』

狂気へと導くごちゃ混ぜカクテル

アメリカ＝フランス合作映画『シーズ・ソー・ラヴリー』（1997年）は、究極のラヴ・ストーリーとも言える。奇才ジョン・カサヴェテス監督が生前に書いていた脚本を、息子のニック・カサヴェテスが監督として映画化した。

演技派俳優ショーン・ペンと当時の妻ロビン・ライト・ペンの息の合った過激な共演がなんともすさまじい人間ドラマを生み出した。

アメリカのとある地方都市――。エディ（ショーン・ペン）とモーリーン（ロビン・ライト・ペン）の夫婦は、貧相なアパートで暮らしているが、互いに深く、いや、激しく愛し合っている。彼女は妊娠しており、親になる日が近づいていた。

ふたりはしかし、ともに酒、ドラッグ、タバコを切らすことができず、無軌道な日常を続けている。とりわけエディはアルコール依存症のうえ、ふいに家を飛び出す放浪癖もあり、そのうち心を病んでいることがわかってくる。

ある日、夫が行方不明になっていたとき、モーリーンが寂しさから一緒に飲んだ隣人の男に暴行を受ける。後日、そのことを知ったエディが怒り心頭、銃を手にして男を捜しまわり、やがて行きつけの酒場へ乗り込んでくる。

完全に目がトンでいる。

店内にその男がいるかどうかをチェックしながら、カウンター内の女性に向かって声を荒げる。

「ダブルで！」

「えっ、なんの？」

「シベリアン・ミストだ」

女性はポカーンとしている。なにせ聞いたことのないオーダーなのだから無理もない。するとエディがさらに荒げた声で返す。

「ウォッカ、スコッチ、ベルモットを少し……。なにもかも混ぜたヤツだよ」

まだ茫然としている彼女に、エディは畳みかけるようにして言う。

「ミントのリキュール、ビール、ワイン、それにバーボンとジンも。なんでもいい。あるったけ

混ぜろ！」

　カウンター席に座っている飲み友達のショーティー（ハリー・ディーン・スタントン）が呆気に取られている。

「おまえも飲むか」

　反射的にショーティーが頷いた。

「もちろん」

　エディは、爆発しそうな感情を鎮静化させようとアルコールを求めていたのだろう。どんな酒でも構わない。酔えればそれでいいのだ。元来、酒にこだわるような輩ではないし。

　それにしても、咄嗟に「シベリアン・ミスト」という名をよくぞ思い付いたものだ。シベリアというくらいだから、ウォッカ系を飲みたかったのだろうか。

果たしてどんな強烈な代物が出てくるのか……。興味津々、観ていると、クラッシュド・アイスを詰め込んだ大きめのグラスに、鮮やかなブルーの液体が入ったロング・カクテルだった。そこにストローが突っ込んである。

エディが言った通りに作ると、おどろおどろしい色になるような気がするのだが、出てきたカクテルはあまりにも爽やかすぎるではないか！　バーテンダーが適当にこしらえたとしか考えられない。

そのシベリアン・ミストなるカクテルをエディが酒場の客全員に奢り、本人はダブルでお代わり。酔いも手伝ってますます頭が錯乱し、ワケのわからないことを口走る。

「愛ってものは競馬みたいで、香水みたいで、霧みたいで、キスみたいで……」

やがてモーリーンの通報で精神病院の職員が酒場に駆け付けてくると、興奮していたエディがいきなり彼らに発砲し、重傷を負わす。

その後、この男は10年間、矯正施設に収容されたが、その間、モーリーンから連絡や面接はいっさいなし。そして出所すると、愛すべき妻は、あろうことか裕福な実業家（ジョン・トラボルタ）と再婚しており、3人の子どもの母親になっていた。

ガーン！　強烈にシビアな状況だ。

それを承知でエディが彼女に会いに行こうとする。その前に、立ち寄った美容院で場所を考えず、極度に高まる緊張を和らげさせるため、美容師にこう言う。

「シベリアン・ミストがほしい」

もちろん美容院なので、カクテルは作れないのだが、代わりに白ワインのグラスが出された。なんとまぁ、柔軟な対応。素晴らしい美容師だ！

一連の成り行きを見ると、シベリアン・ミストは気持ちを安定させるどころか、狂気へと突っ走らせるカクテルだった。

これはノー・グッド。絶対に作らないでください、飲まないでくださいー（笑）。

ルイジアナ・フリップ

LOUISIANA FLIP

映画作品リスト

〈ルイジアナ・フリップ〉『グランド・ホテル』

1932年／アメリカ／監督：エドマンド・グールディング

出演：ライオネル・バリモア、ジョン・バリモア、ジョーン・クロフォード、グレタ・ガルボ

『グランド・ホテル』

人生の最期をバラ色に！

ひとつの場所と空間で繰り広げられる人間模様を描いた群像ドラマのことを、「グランド・ホテル形式」と呼ばれる。映画でその原型を作ったとされるのが、その名もズバリ、アメリカ映画の『グランド・ホテル』（1932年）だ。

戦前の人気俳優が勢揃いしたオールスターものである。90余年前に製作されたこの名作に、素敵なカクテルが脇役として名演技を披露していた。

ドイツの首都ベルリンにある超一流のグランド・ホテルを舞台にした2日間の物語――。

かつての人気がなくなり、いまや落ち目のダンサー、グルジンスカヤ（グレタ・ガルボ）、借金苦にあえぐ、自称「男爵」のフォン・ガイゲルン（ジョン・バリモア）、自ら経営するアパレル会社が危機に瀕し、合併をもくろむ独善的な社長ブライシング（ウォレス・ビアリー）、この男に雇われた美貌の速記タイプライターのフレムヒェン（ジョーン・クロフォード）……。

ホテルに宿泊するこうした客たちがそれぞれ交錯し、内面をさらけ出していく。

登場人物の中で一番印象深いのが、ブライシングの工場で帳簿係をしている初老の男クリンゲライン（ライオネル・バリモア）だ。医師から余命幾ばくもないと宣告されて自暴自棄となり、全財産を投げうって身分不相応なグランド・ホテルに宿泊しに来たのだ。

ホテル内にある「イエロー・ルーム」と名付けられたアメリカン・バー――。

ジャズっぽい賑やかな音楽が流れる中、大勢の客が飲んだり、踊ったりしている。カウンターにやって来たクリンゲラインはこういう場には慣れておらず、オドオドしながらオーダーする。

「甘くて冷たいカクテルを」

するると、バーテンダーが間髪入れずに返す。

「ルイジアナ・フリップはいかがですか」

「ルイジアナ・フリップ……。いい響きですね。それにします」

目の前にリキュール・グラスのようなグラスが置かれ、バーテンダーがシェイカーから液体をそのグラスに注ぐ。ボトルが映っていないので、どんなレシピなのかは不明。それにモノクロ映像なので色もわからないが、なんとなく明るい感じの色合いということだけは把握できる。

ルイジアナ・フリップ——。

数あるカクテル・ブックに当たったが、どこにも載っていないので、この映画のために考案された架空のカクテルと思われる。「フリップ」とは、卵黄と砂糖を使うスタイルのこと。生タマゴを使っているので、コクがあるはずだ。

ネットで調べると、ルイジアナ・フリップという名のカクテルが異なるレシピで幾つかあったが、いずれもバーテンダーが独自に創作したオリジナル・カクテルのようだ。

閑話休題——。

ふたたび「イエロー・ルーム」のカウンター。少し時間が経ち、ブライシングの仕事から解放されたタイプライターのフレムヒェンがたまたまクリンゲラインの隣の止まり木に腰をかけた。プレーボーイのガイゲルン男爵とデートの約束をしていたのだ。

そうとは知らず、ほろ酔いのクリンゲラインが彼女に声をかける。

「なにか飲みませんか?　そうだ、ルイジアナ・フリップを!」

勝手に注文された彼女は困惑顔……。

「いえ、アブサンを!」

すげなく否定され、落胆する中年男がちょっと気の毒。それにしても、うら若き女性がアブサンとは想定外だ。当時、性別に関係なく、結構、飲まれていたのだろう。

そこへ姿を現した男爵にも、クリンゲラインがおなじ文言で誘い水を向けた。

「なにか飲みますか。ルイジアナ・フリップは?」

男爵が首を振る。

「いや、遠慮します。頭をスッキリさせたいので」

ルイジアナ・フリップはまったく人気がない。

その後、フレムヒェンを口説きに来たブライシング社長にクリンゲラインが小バカにされて大喧嘩になるや、突如、倒れてしまう。彼を抱きかかえた男爵が気付けにウイスキーを飲ませようとすると、にんまりと笑みを浮かべる。

「いいえ、ルイジアナ・フリップをください」

このカクテルにぞっこん惚れ込んだようだ。

しばらくして回復すると、はじめてチャレンジしたギャンブルでひとり勝ち。その上、フレムヒェンと意気投合し、一緒にパリに行くことになった。

しょぼくれていた人物がルイジアナ・フリップを口にしたことで余命を忘れ、俄然、輝きはじめたのだから、まさにラッキー・カクテルだ。

バーのカクテル

COCKTAILS IN BARS

映画作品リスト

『シューマンズ バー ブック』

＊ドキュメンタリー映画

2017年／ドイツ／監督：マリーケ・シュナイダー

出演：チャールズ・シューマン、ジャック・マッガリー、岸久、上田和男

『シューマンズ バー ブック』
伝説のバーテンダーがエスコートする美酒の数々

南ドイツのミュンヘンを拠点にする伝説のバーテンダー、チャールズ・シューマンが世界各地のバーを巡るドキュメンタリー映画、それが『シューマンズ バー ブック』（2017年）――。

1941年生まれの老バーテンダーに、どうして「伝説の」という修飾語が付いているのかと言うと、世界的に知られる、イラストを添えた500種類以上のカクテルのレシピ本を作成したからだ。

それが映画のタイトルにもなっている『シューマンズ バー ブック』という名著。84年に出版され、91年に赤いハードカバーの地味な装丁の改訂版が出された。聖書のようにも、アート本のようにも見える。これまでのカクテル・ブックとはまったく異なるスタイリッシュな内容

で、バーテンダーなら、この本とこの人の名を知らない人はまずいないと思う。2018年、河出書房新社から新装復刊されている。
自らはドイツ国内に4店舗を展開する「シューマンズ・バー」のオーナー・バーテンダー。ボクシングで体を鍛えているというマッチョで大柄な人だけに、シェイキングが非常に豪快でダイナミックだ。映画の中でもその妙技を披露している。
そんなシューマンが案内してくれるのが、地元のミュンヘンをはじめ、ベルリン、ニューヨーク、パリ、ハバナ、東京、ウィーンにある19店舗のバー。
ニューヨークの超人気店「エンプロイーズ・オンリー」、文豪アーネスト・ヘミングウェイがフローズン・ダイキリを愛飲したハバナの「エル・フロリディータ」、気泡を作る独特なシェイキング〈ハード・シェイク〉を考案した上田和男さんの銀座「バー・テンダー」など有名店ばかりだ。

ただ、ロンドンにあるサヴォイ・ホテルの「メイン・バー」やヴェニスの「ハリーズ・バー」など絶対に外せない店がなぜか登場していない。おそらく映画で取り上げた店は、本人のお気に入りなのかもしれない。

この映画は、バー文化の神髄を余すところなく伝えているが、その根幹をなしているのが、〈カクテル愛〉だ。

バーの止まり木に腰をかけたシューマンが、1杯のカクテルに対するバーテンダーのこだわりを探り、そのカクテルに最大限の尊重、敬意を表している。なぜなら、どの店でも職人魂に根付いた素晴らしいカクテルが提供されているのだから。

そのカクテルには作り手の〈ハート〉が凝縮されている。そう実感させられるシーンが次から次へと出てくる。

ふたりのアイルランド人の若者が立ち上げたニューヨークの「ザ・デッド・ラビット」。この店では350種類のビターズを活用し、独特なオリジナル・カクテルを作っている。アイリッシュ・ウイスキー、ラム、ギネス、レモン・シロップ、アッサム・ティー、そしてビターズをミックスし、磁気のカップで出される特製パンチ。これはぜひとも味わってみたい。

パリの壮麗なホテル・リッツの中にある「バー・ヘミングウェイ」の代表的なカクテル、セレンディピティ（SERENDIPITY）。フレッシュ・ミント、カルヴァドス（リンゴのブランデー）、アップル・ジュース、シャンパーニュ（ホテル・リッツ特選）、砂糖を使い、背の高いタンブラーでいただく。世界的に有名なチーフ・バーテンダーのコリン・フィールドが解説しながら、よどみなくカクテルを作っていく仕草には見とれてしまう。

とりわけ興味深かったのが、アメリカのカクテル史に詳しいジャーナリスト、ロバート・シモンソン氏の解説だった。

「禁酒法（1920～33年）でバーテンダーが転職、失業、引退したので、禁酒法が廃止されたとき、アメリカでカクテルを作る者がいなかったんです。言わば、ゼロからの出発。60年代はウォッカが花盛り。しかし若者はカクテルを飲まず、次第にドラッグに走りました。70年代は氷だらけのマルガリータなどディスコで愚かな飲み物が提供され……。その後、カクテルの復権が訪れたのは、シューマンのような人のおかげです」

いささかシューマンを賛美しすぎに思えるのだが、シューマンのための映画なのだから頷かざるを得ない。

バーUKの荒川氏はこう補足する。その時期、ヨーロッパやカリブ海諸国へ渡航し、現地のバーでバーテンダーとして再出発した人が相当数いた。カクテル文化が1920年代～30年代前半にロンドンやパリなど欧州の大都市で発展したのは、アメリカから多くの優秀なバーテンダーが移住し、その技術を伝えたことが大きい――と。

「味わう」、「見る」、「作る」――。

3つの楽しみがカクテルにはある。「作る」はバーテンダーの独壇場だが、「見る」と「味わう」は飲み手の特権だ。カクテルを作っているところを見て、味わうと心が華やいでくる。当たり前のことだが、カクテルはプロのバーテンダーに作ってもらったのを味わうのが一番。この映画を観て、改めてそう実感させられた。

世界各地で愛飲されているカクテルの優美な世界へと誘ってくれる『シューマンズ バーブック』……。

本書の最後を締めるにふさわしい映画だった。

エンディング

「カクテルの王様」と言われるマティーニが登場する映画からはじまり、バーの〈カクテル賛歌〉とも言える『シューマンズ バー ブック』で締め括りました。

付随する映画を除くと、トータルでジャスト40作。映画に出てくるカクテルを徹底的に調べれば、それこそ数え切れないほどあるでしょう。さすがにそこまで費やす時間と労力がないので、特徴めいた作品だけに絞ることにしました。往年の名作から最新作まで、なかにはB級映画やドキュメンタリー映画を盛り込み、バリエーションを付けたつもりです。

実は本書で取り上げた映画のほかにも、ぜひとも紹介したい映画が幾つかありました。

例えば、ジン・ベースの代表的なトロピカル・カクテル、シンガポール・スリングが出てくる、作家・村上龍の監督作『ラッフルズホテル』（1989年）、ラム・ベースのキューバ・リブレが脇役として光っていたアメリカ映画『太陽に抱かれて』（95年）など。

それらはしかし、DVD、ブルーレイ、オンラインなどで観ることができないので、止むなく取り下げました。つまり、本書でピックアップした映画は、基本、視聴が可能な作品ばかりということです。

映画の中にカクテルそのもの、あるいはシェイキングやステアをしているシーンが出てくると、思いのほか映像に光輝が放たれることがわかっていただけたと思います。

いや、それだけではありません。巨匠フランシス・フォード・コッポラ監督が手がけた犯罪映画『コットンクラブ』（84年）のように、クローズアップで撮ったボストン・シェイカーの振られるショットがエンドロールにほんの少し映るだけでも目がクギ付けになります。

つくづく思い知らされます……、〈カクテル力〉とも言える強烈なパワーがあるということを！

くどいようですが、映画とカクテルは文句なく波長が合います。だからこそ、映画の中で頻繁に使われ、引いては本書のような読み物が生まれたのだと思うのです。

いかにカクテルが華麗なる〝演技派俳優〟であり、映画の中でどんなシチュエーションで使われているのか、そこのところを知ってもらいたくて、カクテルが登場するシーンをできるだけ具体的に記したつもりです。

その上で、なぜこのカクテルでないといけないのか、その理由付けをしました。やや独断的になったかもしれませんが、〈遊び心〉をたっぷり盛り込んだエッセイとして受け止めていただければありがたいです。

それと、ネタばれがしないように最大限、配慮したつもりですが、はて、そうなっていたでしょうか……。もし配慮に欠けていたら、どうかご海容ください。

本書を読み終えたあと、カクテルが出てくる映画をぜひご覧になっていただきたい。すでに観ている人はもう一度確認し、両者の相性の良さを再認識していただければ、また新たな満足感を得られるかもしれません。

当初、カクテルが出ている映画なんて容易に見出せると高を括っていたのですが、カクテルがそれなりに意味合いを持つ映画となると、なかなか発見できず、正直、焦りました。だからこそ、お酒好きの映画愛好家やバーテンダーの方々から寄せられた情報がほんとうに役に立ちました。ここで感謝を申し上げます。

マティーニのオリーヴをいつ口にするのかを尋ねた質問では、多くの愛飲家とバーテンダーから貴重な回答を得られました。お忙しい中、ありがとうございました。

とりわけ、カクテルの歴史に詳しい大阪・北新地のバーUKのオーナー・バーテンダー、荒川英二さん（トラキチの同志！）には、カクテルの説明文の監修という大役を引き受けてもらい、深くお礼を申し上げます。カクテルの起源について間違って伝えられているケースが多々あり、それらが定説としてまかり通っていることを荒川さんは常々、憂慮しておられます。だから、今回、監修していただき、しかも、スペルのミスやセリフの書き間違いなども指摘していただき、ほんとうに助かりました。

そうそう、書き忘れていましたが、ぼくの一番好きなカクテル、それはギムレットです。基本、ジンとライム・ジュースだけでかくも深奥な味を生み出してくれるのですから。まさにシンプル・イズ・ベスト！

映画を観終わったあと、バーの止まり木でギムレットのグラスを傾けながら、余韻に浸る。これぞ至福のひととき――。あゝ、極楽〜。

最後になりましたが、拙稿に光を与えてくださった、たる出版会長、高山恵太郎さんには心よりお礼を申し上げます。そして素敵な書籍に仕上げてくださった同社特別編集委員の上村修三さん（出身高校の先輩でした！）、小粋なイラストを描いてくださったトラキチ同志のイラストレーター、宮野耕治さんにも感謝の気持ちでいっぱいです。みなさん、ありがとうございます！

２０２４年７月

武部好伸

著者プロフィール

武部好伸（たけべ・よしのぶ）

作家・エッセイスト。1954 年、大阪市生まれ。大阪大学文学部美学科卒業。元読売新聞大阪本社記者。日本ペンクラブ会員。関西大学社会学部非常勤講師。映画、洋酒、ケルト文化、大阪をテーマに執筆活動に励んでいる。著書に『ウイスキー アンド シネマ 琥珀色の名脇役たち』、『ウイスキー アンド シネマ２ 心も酔わせる名優たち』（以上、淡交社）、「ケルト」紀行シリーズ全十巻、『大阪「映画」事始め』（以上、彩流社）。東龍造（ひがし・りゅうぞう）の筆名で編んだ小説『フェイドアウト　日本に映画を持ち込んだ男、荒木和一』、『おたやんのつぶやき　法善寺と富山、奇なる縒り糸』（以上、幻戯書房）など多数。
★武部好伸公式 Blog ／酒と映画と旅の日々 www.takebeyoshinobu.com

ほろ酔い「シネマカクテル」
～銀幕を彩るグラスの美酒たち～

発行日　2024年９月１日　初版発行

著　　者　武部好伸
発 行 人　髙山惠太郎
編 集 人　上村修三
発 行 所　たる出版株式会社
〒541-0058
大阪市中央区南久宝寺町4丁目5-11-301
TEL.06-6244-1336㈹　FAX.06-6244-1776
〒104-0061
東京都中央区銀座2-14-5三光ビル
TEL.03-3545-1135㈹　FAX.03-3545-1136
E-MAIL.contact@taru-pb.jp
印刷・製本　株式会社 小田
定　　価　1,800円＋税

ISBN978-4-905277-38-5　C0095　¥1800E